チャート でよくわかる

質問型営業

マネするだけで
最強営業部隊が育つ!

青木 毅

実務教育出版

質問型営業チャート24

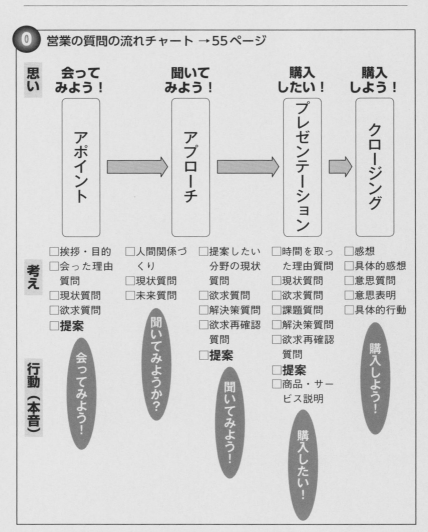

秘伝 質問型営業チャート24

① 質問型営業の全体図 →51ページ

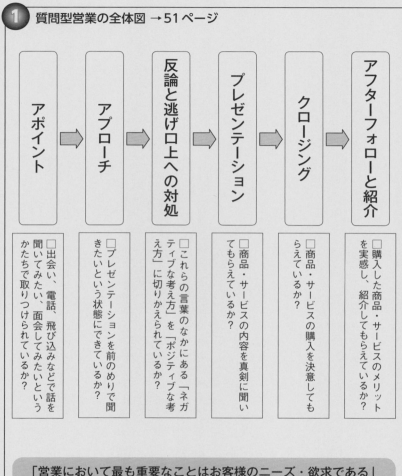

アポイント → アプローチ → 反論と逃げ口上への対処 → プレゼンテーション → クロージング → アフターフォローと紹介

- □ 出会い、電話、飛び込みなどで話を聞いてみたい、面会してみたいというかたちで取りつけられているか？
- □ プレゼンテーションを前のめりで聞きたいという状態にできているか？
- □ これらの言葉のなかにある「ネガティブな考え方」を「ポジティブな考え方」に切りかえられているか？
- □ 商品・サービスの内容を真剣に聞いてもらえているか？
- □ 商品・サービスの購入を決意してもらえているか？
- □ 購入した商品・サービスのメリットを実感し、紹介してもらえているか？

「営業において最も重要なことはお客様のニーズ・欲求である」
会ってみよう→聞いてみよう→購入したい→購入

秘伝 質問型営業チャート24

② 各段階の質問―話の流れ →53ページ

①感じる・思う	②考える	③行動する
□お客様は求めているものをすでに明確にしているか？	□お客様はそのことをゆっくりと考え、その求めているものを実現することが自分にとって重要であると結論づけているか？	□お客様は自分自身の気持ちを固めているか？
□お客様はそれを求める理由をはっきりと自覚しているか？		□求めているものを実現する解決策を求めているか？

現状は？	欲求は？	課題は？	解決策は？	欲求の再確認は？	提案は？

秘伝 質問型営業チャート24

3 アポイントの3段階 →66ページ

①コミュニケーションを取る → ②見込み度を見極める → ③アプローチを取る

□ 感謝と謙虚な気持ちで話しているか？

□ あたたかく優しく接しているか？

□ 言葉に気持ちが入りにくければ立って。BGMをかけて環境を整えているか？

□ 3秒で質問しているか？

□ すべての会話を質問のかたちにしているか？

□ アポを取るのではなく、見込み度を見極めているか？

□ 現状から欲求を引きだしているか？

□「どういうことなの？」と聞かれるような会話をしているか？

□ アポイントを取っているか？

□ 近くに行ったら挨拶で寄ると言っているか？

□ 会えなければ、まずは資料を送っているか？

㊙質問型営業チャート24

4 効果抜群！　アポイントのトークスクリプト →77ページ

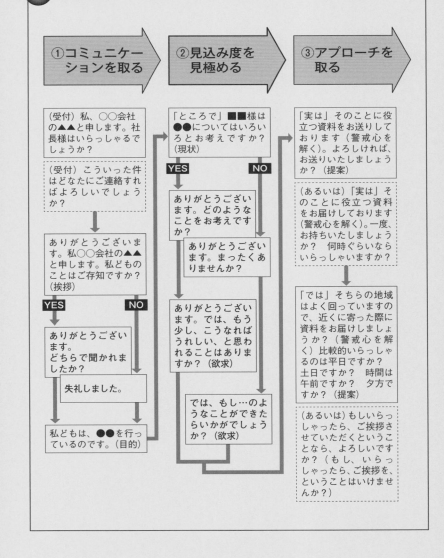

(秘伝) 質問型営業チャート24

5 効果抜群！　アポイントの具体的トークスクリプト →81ページ

①コミュニケーションを取る

私どもは●●を行っています
- 私どもは「業績を30％あげる営業法」を提供しています。
- 私どもは「すぐに会話ができる英語トレーニング」を提供しています。
- 私どもは「10キロやせる体操」を提供しています。
- 私どもは「新築とそっくりになるリフォーム」を提供しています。

②見込み度を見極める

「ところで」■■様は●●についてはいろいろとお考えですか？
- 会社の業績については
- 英会話については
- お体については
- ご自宅については

③アプローチを取る

警戒心を解く
- 利用する、しない、はむしろ考えないでください。あくまでも参考に聞いてください。
- お伺いして、簡単に説明させていただくほうがすぐにおわかりと思います。
- むしろ、ご利用など考えないでください。あくまでもご挨拶です。
- 私どもは情報の提供と思っています。それでお役に立てればうれしいです。

（秘伝）質問型営業チャート24

6 アプローチの３段階 →91ページ

□お客様の求めているものを引きだして興味を引いているか？

□信頼を勝ち得て、お客様の心をオープンにできているか？

□お客様に求めているものについて考え、達成手段についても考えてもらえているか？

□お客様のニーズ・欲求を高めて興味を引く質問トークスクリプトはあるか？
□興味関心を引いているか？

□お客様の信頼を勝ち得て、心をオープンにする質問トークスクリプトはあるか？
□心をオープンにできているか？

□お客様に真剣に求めているものについて考え、達成手段についても考えてもらう質問トークスクリプトはあるか？
□達成手段について考えてもらえているか？

どんどんと前のめりの姿勢になる

秘伝 質問型営業チャート24

7 アプローチのスタート段階 →93ページ

①お客様のニーズ・欲求を高めて興味を引く段階

- □挨拶（雰囲気）堂々と入り、声はうわずらず、お腹から出しているか？
- □挨拶（立ち姿）足をそろえて、会釈して挨拶しているか？
- □挨拶（表現）親しみとあたたかさを込めて言っているか？
- □挨拶（質問）20字以内の端的な質問にしているか？
- □「なぜ、会っていただけたのですか？」と聞いているか？
- □質問で焦点を絞り「現状─欲求─提案」をしているか？
- □「感謝」「謙虚さ」「あたたかさ」「優しさ」を表現しているか？
- □会話は「好意─質問─共感」のサイクルで行っているか？
- □「共感」は姿・声で表現してるか？
- □話を理解するには、「どういうこと？」「たとえば？」「なぜ？」「ということは？」の質問をしているか？
- □話を切りかえるには、「ところで」「そういうなかで」と言っているか？
- □スマホなどの動画でとって、自分のアプローチをチェックしているか？

8

(秘伝) 質問型営業チャート24

8 効果抜群！ アプローチのスタート段階・トークスクリプト
→95ページ

①お客様のニーズ・欲求を高めて興味を引く段階

（挨拶）私○○会社の▲▲と申します。今日はお時間を取っていただき、ありがとうございます。
私どものことはご存知なかったですか？ ご存知でしたか？

YES / **NO**

ありがとうございます。
どちらで聞かれましたか？

失礼しました。

（目的）私どもでは、●●を行っているのです。これは～のために役立ちまして、～のような方法で行います。

（お客様のこと）**「ところで」**お客様はどのようなものを扱っておられるのですか？

「ところで」今日はなぜ会っていただけたのですか？

（あなたが会いたいということでしたので）

確かに私がそのように言ったかもしれません。でも本当に必要なければ、このようにお時間を取っていただくこともなかったと思います。何か、気になったことがありませんでしたか？

（いや、別にないけどね）

まったくありませんか。何か少しでもあれば聞かせていただけませんか。そのほうが、お役に立つお話ができると思いますので。

（そういえば、そうだね。実は……）

（現状）この分野の状況はどのような感じですか？

（現状）たとえば、現在のお取引の状況は？いまのお客様の状況は？

（欲求）**「そういうなかで」**今後どのようにしたいですか？ このようになったら、などはありますか？

（提案）それならば、当社の情報がお役に立てると思いますよ。
それならば当社の情報が必ずお役に立ちますね。

（お客様自身のことを聞く）**「ところで」**……。

秘伝 質問型営業チャート24

9 「共感」の重要性 → 101ページ

「共感」はお客様の求めているものを引き出す「魔法の杖」

□ とにかくうなずいて、体を使って表現しているか？

□ 「なるほど」「そうですね」と相槌を打っているか？

□ 感嘆の息で相槌を表現しているか？

□ 「さすがですね」「すごいですね」とほめているか？

□ 「私にもそういう経験がありました」と体験を共有しているか？

秘伝 質問型営業チャート24

10 アプローチの人間関係づくりの段階 →107ページ

②お客様の信頼を勝ち得て、心をオープンにする段階

- □ お客様の個人的なことを聞いているか？

- □〈会社訪問なら〉名刺交換から、会社のことを聞いているか？

- □〈自宅訪問なら〉ご自身や家族のことを聞いているか？

- □ 個人的なことから考え、思い、生き方、考え方を聞いているか？

- □ 純粋な動機をつくり「お役に立ちたい」という気持ちになっているか？

- □ お客様の信頼を勝ち得ているか？

- □ お客様の個人的なことから現状、未来まで聞いているか？

質問型営業チャート24

11 効果抜群！ アプローチの人間関係づくり・トークスクリプト
→109ページ

②お客様の信頼を勝ち得て、心をオープンにする段階

- （名刺交換）お名前はどのように読むのですか？
- お名前には何か由来があるのですか？
- （名刺交換がない場合は直接聞く）

↓

（会社経営者の場合）
- いつ、経営者となったのですか？
- なぜ、経営者になったのですか？
- その動機をなぜもつようになったのですか？

（会社員の場合）
- 会社に入って何年ですか？
- なぜ、この会社に入ったのですか？
- なぜ、この仕事についたのですか？
- なぜ、そのような動機をもったのですか？

（個人宅への訪問の場合）
- 何人でお住まいですか？
- ご家族の人数は？
- お子さんはおいくつですか？
- お子さんの教育に対して気をつけていることは？

→

（随分、いろんな経験をされているんだな）
（一生懸命やってこられているんだな）
（いい人だな）
（こんなにやってきているというのはすごいな）

↓

どのような思い・考えをもっておられるのですか？

↓

（私にできることでお役に立ちたい）
（この私に何ができるだろうか？）

→

会社（現状）
- 現在の業績はどんな感じですか？
- 会社はどんな状況ですか？
- 業界の状況はどんな感じですか？
- いま現在、会社が取り組んでいることは何ですか？

↓

個人（現状）
- 現在のご自身はどんな状況ですか？
- 現在ご家族はどんな状況ですか？
- ご自身の仕事の状況はどんな感じですか？
- いま取り組んでいることは何かおありですか？

↓

（未来）今後どのようにしたいですか？
このようになってくれたら、ということはありますか？

↓

「そういうなかで」私どもの分野についてはどのように感じられていますか？

質問型営業チャート24

12 「聞く」ことのメリット →114ページ

お客様の対応

- □ お客様がいろいろと話してくれるようになっているか？
- □ お客様が笑顔で接して、心を開いてくれるようになっているか？
- □ お客様の状況やニーズ・欲求がよくわかるようになっているか？
- □ 何を考えているかもよくわかるようになっているか？
- □ どのような活動をしているか、何が問題かよくわかるようになっているか？
- □ お客様から「ここだけの話」「あまり人には言わないのだが」などという言葉が出ているか？
- □ 営業の私のことを信用してくれるようになっているか？

営業マンの対応

- □ 何を提案すればいいかがよくわかるようになっているか？
- □ 一緒に考え、アドバイザー的な役割になっているか？

秘伝 質問型営業チャート24

13 アプローチの最終段階 →119ページ

③お客様が求めているものについて真剣に考え、
　その達成手段についても考えてもらう段階

お客様に寄り添い、課題を引きだし、
一緒にその解決法を考える（アプローチ即決クロージング）

- □営業マンが関連づけを行うのでなく、お客様に質問して関連づけを行ってもらっているか？
- □あらためて現状を聞いているか？
- □お客様の現状を具体的に聞いているか？
- □お客様のイメージを受けとっているか？
- □現状から不足部分や不満、欲求を聞いているか？
- □その欲求のイメージを聞いているか？
- □現状と欲求から課題を引きだしたか？
- □課題で最も重要なものを聞いたか？
- □課題への解決策の取り組みについて聞いたか？
- □欲求の再確認はしたか？
- □方法への欲求の再確認はしたか？
- □望まれて提案しているか？

(秘伝) 質問型営業チャート24

14. 効果抜群！　アプローチの最終段階・トークスクリプト
→121ページ

③お客様が求めているものについて真剣に考え、
　その達成手段についても考えてもらう段階

①お客様の求めているものと営業が提案したい分野の関連づけ	②現状	③欲求	④解決策	⑤欲求の再確認	⑥提案

将来は○○のようにしたいんだ。

↓

なるほど、それはすばらしいですね。では**そういうなかで**、その実現においての○○の分野についてはどのようにお考えですか？

↓

それはやはり重要だね。

↓

なぜ、そのように思われるのですか？

↓

やはり○○の分野は、企業では○○だからね。

（現状）先ほどもお伺いしましたが、現状と未来を見据えたうえでは、この分野の状況はどのように感じられますか？

（具体的）具体的にはどのようなことですか？たとえば？

（イメージ）○○ということですが、具体的にはどのようになっていますか？○○の部分はどのようになっていますか？

（欲求－現状の不足・不満）現在の状況からどのようにしたいですか？「このようになったらいいな」と思うことがありますか？

（イメージ）もし、そのようなことが実現すると、今後はどのようになるでしょうか？今後のどのような姿がイメージできますか？

（課題）現状からそれらの欲求を達成するための課題は何ですか？

（課題）特にそのなかで最も重要な課題は何ですか？

↓

（解決策）その課題を解決するためにいままでどのようなことを行ってきましたか？（行っていけばいいでしょうか？）その行動で解決へと進んでいけたでしょうか？（進んでいけますか？）

↓

（欲求の再確認）何とかしたいですね？そういう方法があればいいと思いませんか？

↓

（提案）それができるのです！　それが解決します！　いいものがあります！

秘伝 質問型営業チャート24

15 断り文句の対処法の３段階 → 132ページ

断り文句は３つだけ
（時間がない・お金がない・メリットが感じられない）

アポイント時（電話・飛び込み）に面会が取れない

アプローチ時にあらためて商品説明などの時間を割いてくれない

クロージング時に採用までに至らない

| 第１段階 | 第２段階 | 第３段階 |

断り文句がどのようなものかを判断する

断り文句を言う感情を受けとめる

☐ 共感しているか？

☐ 質問「たとえば？」を使っているか？

☐ 共感しているか？

☐ ほめ言葉を使っているか？

☐ 質問「たとえば？」を使っているか？

☐ 共感しているか？

☐ ほめ言葉を使っているか？

☐ 価値を伝える「実はそういう方にこそ」と言っているか？

秘伝 質問型営業チャート24

16 効果抜群！ 断り文句の対処法・トークスクリプト →133ページ

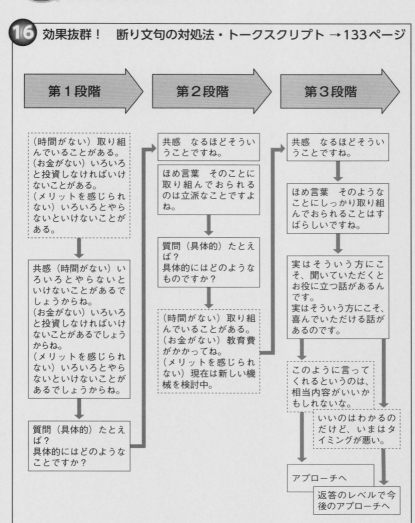

(秘伝) 質問型営業チャート24

17 プレゼンテーションの3段階 →142ページ

①お客様自身のために聞いてもらう姿勢をつくる → ②再度、欲求・ニーズを高める → ③課題解決で感動のプレゼンテーション

■「物売り」から「アドバイザー」「コンサルタント」へ

- □ ひとつのことを話したら、感想を聞き、自分の現状と合致させてもらっているか?
- □ お客様の課題解決に向かって的確に商品説明しているか?
- □ なぜ役立つかを口頭で言っているか?(映画の予告編のように)
- □ 役に立つことの確認をして提案しているか?
- □ 現状・欲求・課題・解決策・欲求再確認を思い出させているか?(アプローチから続けての場合)全体的に(数日後)ひとつずつ
- □ 役に立つために「聞こうと思った理由」を質問しているか?

秘伝 質問型営業チャート24

18 効果抜群！ プレゼンテーション・トークスクリプト
→143ページ

①お客様自身のために聞いてもらう姿勢をつくる	②再度、欲求・ニーズを高める	③課題解決で感動のプレゼンテーション

①お客様自身のために聞いてもらう姿勢をつくる

なぜ、今回、商品の話を聞いてみようと思われましたか？

↓

君が「話を聞いてくれ」と言ったからだよ。

↓

ありがとうございます。私もそのようなことを言いました。ただ、本当に必要なければ、このような時間は取っていただけなかったと思います。

↓

それはそうだけども。

↓

それに、せっかくのお時間ですから、お客様によりお役に立つ話をしたいと思いますので、どんなことでも結構ですから、お時間をいただけた理由をよろしければ聞かせてもらえませんか？

↓

そうだね。実は…

②再度、欲求・ニーズを高める

（アプローチ即プレゼンの場合）以上の内容だったと思うのですが、何かご感想や、感じられることはありますか？
（数日後にプレゼンの場合）前回のお話は覚えておられますか？ まず、現状ですが、○○だとお聞きしましたが、これに何か付け加えることはありますか？ ご感想は？

↓

あらためて、いままでのことをお聞きして、間違いなくお役に立つことができます。

↓

と言いますのも、私どものご提案は…

③課題解決で感動のプレゼンテーション

商品説明は、お客様の課題の解決策の提案に向かって行う。

↓

お客様、どのように感じられますか？

↓

なるほど、よさそうですね。

↓

なぜ、そのように感じてもらえましたか？ どのようなところがそのように感じてもらえましたか？

↓

ひとつのことを話したら、感想を聞き、自分の現状と合致させてもらう。

19

(秘伝) 質問型営業チャート24

19 クロージングの3段階 →152ページ

クロージングはお客様が購入したいという気持ちになるまで待つ

①感じる　思う ➡　　②考える ➡　　③判断（行動）➡

□質問でお客様が商品の価値をどのように実感したのかを探っているか？

□具体的な質問をして価値の実感を探っているか？

□質問でさらに価値の実感を高めているか？

□いい印象でないときには理由をよく聞いて、解決をしてあげようとしているか？

□やわらかく、あたたかく質問し、YESを取っているか？

□最終的には考えを聞いてクロージングに向かっているか？

□考える、相談するという返事をもらった場合の対処法はパターン化しているか？

□最終的に判断がつかない場合は「絶対にクロージングしない」でいるか？

この購入・採用が間違いないと判断してもらう

購入・採用から得られる価値を大きく感じてもらう

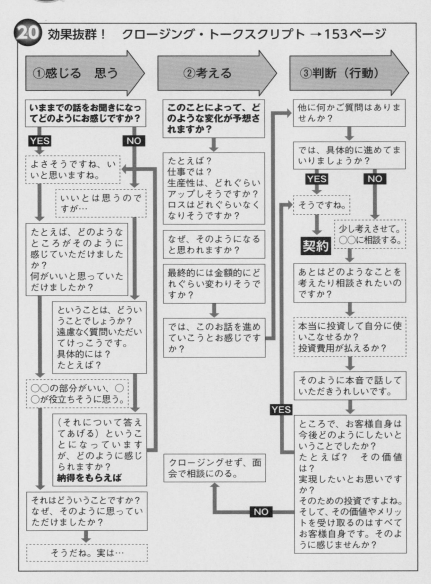

質問型営業チャート24

21 フォローアップの3段階 →166ページ

> フォローアップは「価値の確認」で
> 「営業の信念づくり」と「紹介依頼」のシステム化

①営業中 ＞ ②フォローアップ ＞ ③紹介

①営業中
- □ プレゼンテーション直後に価値確認をしているか？
- □ 商談後に価値確認をしているか？
- □ 納品時に価値確認をしているか？

②フォローアップ
- □ 採用後の変化で価値確認しているか？
- □ 紹介依頼をしているか？
- □ 貢献のための紹介依頼になっているか？

③紹介
- □ 紹介を具体的に導いているか？
- □ 紹介のフォローをしているか？
- □ フォローアップをシステム化しているか？

お客様が「買ってよかった！」と思う（価値確認）

お客様が「紹介してあげたい！」と思う（エンドレスチェーン）

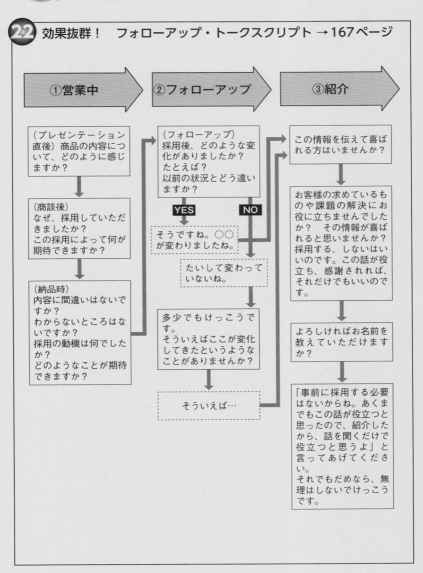

質問型営業チャート24

23 質問型営業での奇跡の起こし方 →176ページ

□自分の改善点を見つけているか？

□改善点を知り克服するためには「振り返り」を使っているか？

□精度をあげるために「シミュレーションシート」を使っているか？

誰もが必ず業界のトップセールスになれる！

営業の各段階での具体的トークスクリプトを
①作成し、②訓練し、③実践する

はじめに

　世の中は大きく変わりました。インターネットが出現して四半世紀。最近では、AI（人工知能）が大きくクローズアップされてきています。私たち人間のやってきたことの多くをロボットが担う日はそんなに遠い話ではありません。

　私が指導している「営業」という分野にも、大きな流れが出てきていることは間違いありません。かねてから私は、「説明型営業」ではなく「質問型営業」の必要性を提案していました。

　説明型営業とは、お客様に商品・サービスについて説明をして、買う気になってもらって商品の販売をする方法です。これは、説明の専門家であり、解説の専門家です。

　かたや、質問型営業とは、お客様の求めているものを引きだしたうえで、役立つ商品・サービスを提案する方法です。これは専門アドバイザーであり、その分野のコンサルタントです。

　現在の時代の流れを見れば、どのような営業方法が残っていくかはおわかりでしょう。「説明型営業」であれば、パソコンやAIが役割を果たしてくれるはずです。「質問型営業」であっても、その多くの部分を果たしてくれるかもしれません。

　ただ、お客様の気持ちを汲みとり、理解したうえで、最上の提案をするとなれば、やはり私たち人間が行う以外にないと感じます。

　そのような意味でも、**今後「質問型営業」はすべての営業マン**

25

が身につける必要が出てくるものなのです。

　また、営業マン自身にとっても、この営業方法はお客様に感謝をされ、自分自身の仕事の重要性ややりがいを感じさせるものだと確信をもっています。

　この本はそんな質問型営業を極めたいという方のための、質問型営業を実践していくなかでの問題解決本です。

　質問型営業を日々実践し、うまくいかない部分を見つけ、その解決策を提案するものです。

　もちろん、質問型営業にはじめて接する方にも、「営業における問題解決本」として役立つことでしょう。

　この本によって、ますますあなたの営業がお客様に喜ばれ、あなたも喜びに満ちた営業マン人生を送ることを願っています。

青木　毅

チャートでよくわかる
質問型営業 目次

秘伝　質問型営業チャート 24 …… 1

はじめに …… 25

第1章　質問型営業で　誰でも売上が劇的にアップ！

1　質問型営業は苦しみのなかから生まれた …… 34

2　「辛く苦しい営業」を喜びに変えた質問型営業 …… 37

3　質問型営業を活用したお客様の声 …… 38

4　質問型営業を指導してきて、いま必要と感じていること …… 44

5　チャートを活用した解決法 …… 45

第2章　質問のカギは　「どのように話してもらうか？」

1　お客様は質問に答えることで欲しい気持ちが高まり、前へ進んでいく …… 48

2　質問で「何について、どれぐらい具体的に話してもらうか？」がカギ …… 50

3　これが、「営業の質問の流れチャート」だ！ …… 54

4　営業をチャートで点検すれば、課題がわかる …… 57

5 課題がわかるだけで、営業成績はぐんぐん伸びる 59

6 営業の課題を理解し、改善しよう 60

7 それぞれの段階の質問のスクリプトを作りあげろ 62

第3章 アポイントでの決め質問 「私どものことはご存知ですか？」

1 アポイントは感謝と謙虚さを大切に 66

2 とにかく、あたたかく、優しく 68

3 立ち上がって、ひとりになれる場所で、思いっきり手振り 身振りで表現しよう 71

4 電話は3分まで 73

5 アポイントはとにかく3秒で質問 74

6 すべての会話を質問で 76

7 質問の後、インパクトのある言葉で引きつける 79

8 「どういうこと？」と聞かれたら見込みあり 80

9 アポが取れなくても、近くに行ったら挨拶に寄る 82

10 アポを取るのではなく、見込み度を見極める 84

第4章 アプローチでの決め質問 「なぜ、会っていただけたのですか？」

1 アプローチこそが営業のカギ。ポイントは前のめり 88

2 アプローチは3段階 89

3 「スタート段階」ではお客様の求めているものを引きだし、
興味を引く 92

4 「なぜ、会っていただけたのですか？」で立場を変えろ 94

5 質問で焦点を絞り、「現状―欲求―提案」 97

6 アプローチはアポイントのリプレイ「感謝と謙虚さ」
「あたたかさと優しさ」 98

7 お客様との会話は「好意―質問―共感」を忘れずに 99

8 アプローチでの「共感」は姿・声で表現 101

9 話を理解するには、「どういうこと？」「たとえば？」「なぜ？」
「ということは？」の質問 102

10 話を切りかえるには、「ところで」「そういうなかで」 104

11 「人間関係づくり」の段階はお客様の個人的なことを聞く 106

12 お客様の個人的なことをどのように質問するか？ 110

13 個人的なことから聞きたい考え、思い、生き方、考え方 111

14 純粋な動機をつくり「お役に立ちたい！」という気持ちに
なる 113

15 お客様の信頼を勝ち得る 115

16 お客様の個人的なことから現状、未来へ 116

17 お客様の求めているものと営業マンが提案したい分野の
関連づけを行う 117

18 関連づけができれば、あらためて提案したい分野の「現状」
を聞く 120

19 現状を見つめるからこそ「欲求」を聞く 121

20 現状と欲求を見つめてもらい「課題」を引きだす 123

21 「課題」の解決に取り組んだかを質問する 124

22 いままでのことを振り返り、「欲求の再確認」を行い、欲求を
自覚させる 125

29

23 ここではじめて「提案」をする 126

24 お客様に寄り添い、思いを引きだし、一緒に解決法を
考える 128

25 最終的には「アプローチ即決クロージング」 129

第5章 反論処理での決めゼリフ 「実は、そういう方にこそお役に 立つのです」

1 「断り文句」は言い訳。内容は「時間」「お金」「メリット」の
3つだけ 134

2 「断り文句」はアポイント、アプローチ、クロージングで
使われる 135

3 第1段階は、共感＋質問「たとえば？」 136

4 第2段階は、共感＋ほめ言葉＋質問「たとえば？」 137

5 第3段階は、
共感＋ほめ言葉＋「実は、そういう方にこそ」 138

6 「断り文句」は恐れることはない。むしろお客様のレベルを
知るのに最適 139

第6章 プレゼンテーションでの決め質問 「なぜ、今回、商品の話を 聞いてみようと思われましたか？」

1 プレゼンテーションの秘訣はすぐに商品説明をしないこと 142

2 お客様に自分のために聞いてもらう姿勢をつくる …… 144

3 再度、欲しい気持ちを高めろ …… 146

4 営業は解決策の提案。商品を売ることではない …… 147

5 感動のプレゼンテーション。それはお客様の課題解決に
向かって一刺し …… 148

6 商品説明はお客様の解決策の提案 …… 149

第7章 クロージングでの決め質問 「話をお聞きになってどんな印象ですか？」

1 クロージングはお客様が購入したいという気持ちになるまで
待つ …… 152

2 「いままでの話をお聞きになってどのようにお感じですか？」で、
商品の価値をどのように感じたかを探ろう …… 155

3 さらに「たとえば？」「何がいいと思っていただけましたか？」
と価値の実感を探ろう …… 156

4 「このことによって、どのような変化が予想されますか？」
とさらに価値の実感を高めよう …… 157

5 いい印象でないときには、その理由をよく聞いて解決をして
あげよう …… 158

6 やわらかく、あたたかく「では、この話を進めていこうと
お感じですか？」と聞き、YES を取ろう …… 159

7 「他に何かご質問はありませんか？」「では、具体的に進めて
まいりましょうか？」でクロージングへ …… 160

8 「少し考えさせて」「○○に相談する」という返事の対処法 …… 161

9 お客様に最終的な判断がつかない場合 …… 163

第8章 フォローアップでの決め質問 「以前とどのように違いますか？」

1 価値の確認は商品に対する営業の信念づくりと紹介依頼 …… **166**

2 フォローアップが始まれば紹介はエンドレスになる …… **169**

3 フォローアップでは、ビフォーアフターの変化を実感して もらおう …… **170**

4 紹介は貢献の気持ちをかきたて、この変化を誰かに話したいと 思ったかを聞くこと …… **172**

5 紹介について具体的に進める …… **173**

6 フォローアップにおいてもシステム化をする …… **174**

第9章 質問型営業で奇跡が起こる！

1 営業を細かな段階に分けることで、自分の改善点がわかる …… **176**

2 改善点を克服すれば、1か月で見違えるように営業は 変わる …… **177**

3 自分の改善点を知り、克服するためには「振り返り法」 を使おう …… **179**

4 さらに精度をあげるためにシミュレーション法を使おう …… **180**

5 面会において具体的にシミュレーション法で描く …… **181**

6 誰もが必ず業界でのトップセールスになれる …… **183**

第1章

質問型営業で
誰でも売上が劇的にアップ！

1 質問型営業は苦しみのなかから生まれた

　質問型営業は、2009 年に『ビジネスリーダーの「質問力」』（角川 SSC 新書）という本とともに世の中にデビューしました。

　私は、2018 年までに 11 冊の本を出版し、現在の累計発行部数は 15 万部を超えています。書籍は日本だけでなく、韓国、中国、台湾でも翻訳出版されており、特に台湾ではすでに 3 冊が翻訳され増刷を重ねています。

　2015 年 5 月からはポッドキャスト「青木毅の『質問型営業』」「青木毅の『経営者のための質問型営業』」を音声で配信し、現在 150 回以上。**毎月約 4 万回ダウンロードされており、リスナーは推定 1 万人以上です。**

　企業や個人への講演・研修も、のべ 5 万人以上に行っています。

　もともと質問型営業は、1997 年に私自身のセールスの手法として編みだしました。

　当時、米国の教育カリキュラムの販売をしていた私は、カタログを使ってセールスをしていました。説明によって、お客様を「買いたい気持ち」にさせ、購入へと導く営業手法でした。これを「説明型営業」と呼んでいます。

　説明型営業の手法は、営業マン側の主導で話が展開するために、どうしても説得力が必要です。お客様自身も営業マンの話を聞くという受け身の状態になります。

　したがって、その商品を欲しいという自発的な欲求ではなく、

説得されたかたちで購入へと踏みきります。

「買わされた感」がどうしても残ってしまい、お客様が利用した後の「喜びの声」も半減してしまうのです。

私だけでなく、多くのセールスマンがこのようなセールスを行っている時代でしたが、世の中では次第にマーケティング手法がクローズアップされ、いろいろな広告媒体が活用されるようになってきました。

また、インターネットが、普及するようになりました。

お客様は、みずから知りたい情報を簡単に手に入れることができるようになったため、説明型の営業法が難しくなってきたのです。

このような背景のなかで、**セールスマンとしての私は、お客様に話を聞いてもらえない状況に陥り、もがき苦しんでいました。**本来、説得傾向で力のいるセールスが、時代の変化とともにますます難しくなってきたからです。

ここで生みだしたのが、質問型営業でした。

ただ、スタートは「説明を聞いてくれないので、苦し紛れに質問する」というものでした。

とりあえず、お客様とお会いしたら、今回の面会の目的を伝え、すぐお客様のことを質問しました。そうすれば、すぐさま断られることがなくなるからです。

要は、時間稼ぎなのです。

もちろん、お客様の返答には、しっかりと共感します。そうすれば、お客様は自分自身のことをますます話すようになりました。

ところが、この質問で、私はお客様のことがすごくわかるようになったのです。

　なぜなら、**私がお客様のことを熱心に質問し、共感することで、お客様は熱心に自身のことを聞かれていると感じてくれ、よりオープンになったからです。**

　お客様との関係も短時間で親密になりました。次第に質問で求めているものを引きだせるようにもなってきました。

　それを最大限に引きだすことができるようになったときには、解決策としてどの商品が役立つのかということがわかり、商品提示する前に、「役立ついいものがありますよ！」と伝えることでほぼ契約できる営業にもなったのです。

　お客様も、営業マンが段階を追って質問してくれることで、自分の求めているもの、課題がわかってきます。それをナビゲートしてくれた営業マンに「解決できますよ！」と言われるわけですから、当然信用し購入に踏みきるというわけです。

　これを私は**「アプローチ即決クロージング」**と呼んでいます。

　このような体験によって、営業とは営業マンとお客様が一体となって、お客様の欲しいものを明確にし、課題を解決するものとわかってきました。

　そして、私の質問型営業は次第に精度をあげ、営業手法としてできあがってきたのでした。

　質問型営業は、徐々に企業・個人などで受け入れられるようになりました。さまざまな体験談とともに、質問型営業の効果が実

証され、ますます受け入れられるようになってきました。

その効果に賛同し、協力して世の中に広めたいというメンバーも現れ、現在さらなる普及をめざしています。

2 「辛く苦しい営業」を喜びに変えた質問型営業

営業という職業には、「辛く苦しい仕事」「粘り強さの必要とされる仕事」というイメージがあるようです。毎年、新卒者のつきたくない仕事のナンバーワンは営業職です。

ところが、新卒者の70%が営業についているというのも事実なのです。

これでは、営業自体に前向きに取り組む姿勢になれるはずがありません。

質問型営業をつくりあげ、実践してきたいまの私には、営業にこのようなイメージはまったくありません。

というよりも、質問型営業によって完全に切りかわりました。**「営業は楽しく喜びに満ちた仕事」「営業の法則と方法を理解すれば簡単な仕事」**となりました。

私が指導した営業マンも、イメージを切りかえました。もちろん、このなかから数多くのトップセールスマンが出てきています。

もし、この本を読まれているあなたが、営業に対してネガティブでマイナスのイメージをもっているのなら、それは完全な間違いなのです。

営業のやり方を変えることによって、楽しく、喜びに満ちた仕

37

事に変えることができるのです。

　もちろん、営業の成果、業績のアップにも現れてきます。

　質問型営業を世の中に紹介し、すでに9年の歳月が経ちます。前項に書いたように企業、個人へ本、ポッドキャストなどを入口としてコンサルタントや研修をしていますが、業績アップなどの成果がなければ、現在のように広まってはいないでしょう。

　現在の質問型営業の広がりこそが、まぎれもない成果の証明でもあるのです。

　質問型営業の習得は、営業だけを変えうるものではありません。質問によってコミュニケーションそのものを変えていくのです。したがって、営業マンとお客様との関係だけではなく、日ごろの社内の人間関係、家庭生活での夫婦・親子の関係さえも変えていけるのです。

3　質問型営業を活用したお客様の声

■保険代理店　営業　男性　38歳

　商社・製造メーカーを経て、保険営業を10年。攻めの営業に限界を感じていました。そんなときに出合いました。

　ただ質問するだけでなく、質問の順番、相手の気持ちなどをよく理解することで、お客様と短時間で信頼関係を築けるようになり、**いまでは活動時間を60％に抑えても、収益は200％に飛躍**しています。

■電気店　経営者　男性　48歳

　質問型営業を学んだことで、**3年前の170％の売上をあげられました。**

　質問型営業を学んで誰が一番喜んでいるかというと、実は社員なのです。

　以前は、とにかく数打てばあたるというかたちで、チラシを持って「これ、どうですか？」という手法でした。

　しかし、質問型を使うようになってから、「お客様がどう思っているのか？　何を欲しているのか？」を確認しながら進めることができるようになりました。

　おかげさまで、お客様が欲しいと思ったものを説明できるようになったので、本当に喜んで、毎日楽しんで仕事をしてくれるようになっています。

■リフォーム業　営業　男性　23歳

　大学を卒業し、社会に出て3か月目、営業に配属された以上、何としても結果を出せる営業マンになりたいと思い、質問型営業を学びました。

　お客様との面談での私の役割は、お客様が真に求めておられることを引きだし、それに対してしっかりと共感してあげることです。

　そして、お客様がしっかりと価値を感じられたことが確信できたとき、決断のサポートをしてあげるのです。そのことに気づいたとき、私の営業スタイルは大きく変わりました。**入社2年目で、新規店舗のナンバー2に抜擢されました。**

■不動産業　営業　男性　32歳

　質問型営業との出合いは、私の人生を大きく変えた出来事と言わざるをえません。営業成績の向上はもちろん、それ以上に見える世界が激変したのです。

　お客様との面談のなかでその思いを聞かせていただくと、生い立ちや価値観から必ず“お客様の物語”が見えてきます。そんな物語の続きを一緒に描くことができる営業という仕事のすばらしさをあらためて実感することができました。

　いままで見えていなかった、めざすべき営業が見えるようになりました。

　やればできるという自信も生まれ、いまは自分の成長が楽しみで仕方がありません。

■製造メーカー　経営者　男性　47歳

　2代目社長になったのは2年前なのですが、私は口下手のうえに緊張しやすい性分でとても営業向きではなかったのです。

　やっと面会できても、「何か仕事はないですか？」のひと言です。最後には「何かさせてください。一生懸命やりますので！」と利益など考えず、お願いに変わる始末です。

　そんな私でも質問型営業を学び実践してからは、毎年10件以上の契約が取れるようになりました。お客様に質問をし、返答に共感することを心がけると、お客様のほうからどんどん話してくれるようになりました。いろんな悩みを共有するうちに、気づけば成約に至るのです。

　私は次第に自信をもって新規営業に取り組めるようになり、**現**

40

在では30社以上のメーカーと取り引きする会社にまで成長させることができました。

業績は社長就任時の2.5倍にもなっています。

■会計事務所　所長　男性　44歳

　もともと大手会計事務所に勤めていたのですが、税務面の仕事ばかりで営業経験はほとんどありませんでした。

　だから、独立開業したばかりの頃はどのように営業すればいいのかまったくわからない状態でした。

　質問型営業をウェブサイトで知り、電話で相談をしたとき、この営業方法は単なるテクニックではない、人間の心理をつかんだ営業であり、喜ばれる営業だと感じたんです。

　「人は自分の思ったとおりにしか動かない」という意味を理解したとき、私は心の中で大げさに言えば営業についての"悟り"を得た感じがしました。

　それからはお客様との普段の接し方も変わり、多くの会話が質問から入るようになりました。お客様のニーズを引きだし、それに合わせた提案ができるようになってきたわけです。

　ニーズに合わなければ、躊躇なく引きさがるようにもなり、以前より気負わず、気持ちも楽になりました。

　なによりも、お客様との面会を楽しめるようになって私自身が明るくなりました。

　おかげさまで、**スタートして2年目には、自社物件の事務所を購入し、顧問先ゼロからスタートして現在は100社以上、職員も5名を抱え、楽しく仕事をしています。**

■生命保険　営業　男性　50歳

　質問型営業を学んでからは営業に対する恐怖や不安は感じなくなりました。

　学んだ当初は、質問してもチグハグでお客様と会話にならなかったのを覚えています。ボタンの掛け違えのようにズレを感じ、何がいけなかったのかを毎日振り返りました。

　すると今日できなかったことが次回にちょっとだけできるようになり、お客様の言葉に「どうしてそう思ったのですか？」と理由を質問すると「実はこういうことで……」と自然と話がよい方向につながっていくようになりました。

　そのことに気づいてからはどんなお客様と出会っても、不安をまったく感じることなく話せるようになりました。ある種のひらめきのような、自分のなかでなにかスイッチが入ったみたいな新たな喜びがありました。

　おかげさまで、業績は倍増しました。

　現在は、質問型営業を始めて4年になりますが、営業ではなく、人のお役に立つことをしているだけで、業績をあげられるようになりました。

■リフォーム業　営業　女性　29歳

　営業を始めるにあたり、不安な気持ちを抱えていました。営業にはじめてついた私にとって、営業のイメージは数字に追われるという非常にネガティブなものでした。

　質問型営業を学ぶうちに、数字は売上の反映ではなく、お役立ちの反映だとわかってきました。

実際、質問を順番どおりにすることでお客様とのコミュニケーションが良好になり、思い、本音、求めているものを引きだすことができるようになりました。

お役立ちの信念をもつことで、相手の反応に惑わされることなく毅然と対応できるようになり、結果、難しいフルリフォームの契約を取れるようになったのもこの営業法のおかげです。

質問型を学び身につけられたことで、人生が変わりました。

お客様だけでなく、周囲とも良好な人間関係を築けるようになり、生きていくうえでとてもプラスになりました。

■広告業　営業　女性　38歳

５年前に質問型営業を学んだ私は、**現在売上は２倍以上になりました。何回も表彰を受けるようになり、1000名以上の前でスピーチをするようにもなりました。**スピーチにおいても具体的でわかりやすいというおほめの言葉をいただいています。

営業においては、担当者のことをよく聞くようになりました。どのような提案をすればいいかもわかるようになりました。

仮に最終場面でお客様に「考える」という返事をいただいても、その内容を聞くと、どのようにしてあげたらいいかの対策もお話しできるようになり、結果、契約できるようになりました。

５年前、目先の売上をあげるのに必死で、いつもバタバタと営業していたことを思い出すと、現在の私の営業はゆったりとしていて、大きく変化したことを実感しています。

4 質問型営業を指導してきて、いま必要と感じていること

　このような多くの方々の喜びの声にも支えられて、質問型営業をますます普及させていこうと考えていますが、指導においても、より効果的な方法がわかってきています。

　なかでも、特に重要なのが「個々の課題の解決」です。

　営業は、アポイント、アプローチ、反論と逃げ口上への対処法、プレゼンテーション、クロージング、フォローアップと紹介という段階になっていますが、個々の営業マンにおいて、課題が違うのです。

　たとえば、誰とでも仲よくなれる人は、「アプローチが得意ですが、クロージングは苦手」なのです。

　物事を詰めていくことのできる人は、「クロージングが得意ですが、アプローチは苦手」という特色があります。

　自分の持ち味次第で、営業においての得意な部分、不得意な部分が違うのです。

　したがって、営業における課題も当然違ってくるのです。

　このような観点から、一般的な営業の流れに沿って順番に指導するよりも、個々の課題に対してスポットを当てて、重点的に指導したほうが、早く効果があがります。

　私の質問型営業研修では、その半分の時間を「できたこと」「できなかったこと」の分析にあてます。

第1章
質問型営業で誰でも売上が劇的にアップ！

特に、効果をあげるのが、「できなかったこと」の改善指導です。

つまり、現役の営業マンにとっては、一から営業を習うよりも、自分の営業における課題を見つけだし、その改善に着手するほうが、いち早く営業が整いだす、つまり成果が出始めるのです。

5 チャートを活用した解決法

そのような観点から作りあげたのが、今回の「チャートを活用した問題解決」です。

この本では、あなたのアポイント、アプローチ、反論と逃げ口上への対処法、プレゼンテーション、クロージング、フォローアップと紹介の各段階のうち、どこに問題があるのか、**その問題のなかでも、特にどこの改善が必要なのかを発見できるようになっています。**

その改善部分の考え方、解決法、そのトークスクリプト（会話でのセリフ）のあり方などがすべてわかるようになっているのです。

人間というのは、自分の改善部分がわかり、改善方法がわかると、やる気になります。

ましてや営業では、目の前のお客様の反応が劇的に変われば、がぜんやる気になるものです。

結果が見えれば、さらにファイトも湧いてきます。

そういう意味で、今回の『チャートでよくわかる質問型営業』はあなたを即、やる気にさせてくれる本になるでしょう。

45

第2章

質問のカギは
「どのように話してもらうか？」

1 お客様は質問に答えることで欲しい気持ちが高まり、前へ進んでいく

　営業はアポイントから始まり、アプローチ、反論と逃げ口上への対処法、プレゼンテーション、クロージングと進んでいきます。

　もちろん、業界や営業方法の違いなどによっては多少変わってくるでしょうが、ほとんどの場合はこの流れで進んでいくといえるでしょう。

　多くの営業マンは、この流れのなかで何が大事かをわかっていません。大事なポイントを押さえていないので、思うように前へ進んでいかないのです。

　大事なポイントとは、「お客様の求めているものの引きだし」です。

　つまり、欲しいという気持ちを高めることなのです。

　これができないので、前へ確実に進んでいかないのです。

　アポイントが取れない、アプローチからプレゼンテーションに進まない、反論や逃げ口上で営業が進まない、お客様がプレゼンテーションをしっかり聞いてくれない、クロージングにならない、決断が引き延ばされるなどの問題は、お客様の求めているものを引きだせていない証拠なのです。

　各々の問題は、それを引きだすことですべて解決するのです。

　では、どうすれば求めているものを引きだすことができるでしょうか？

第2章
質問のカギは「どのように話してもらうか？」

　多くの営業マンは、いかにお客様にわかりやすく説明をするか、インパクトを与える説明にするかばかりを研究しています。各段階において、お客様の求めているものをいかに引きだすかについては、研究できていないのです。

　なぜでしょうか？

　お客様の気持ちは心のなかにあり、外からは見えません。この見えないものを引きだすというのは、極めてむずかしい行為だからです。

　だからこそ、それを引きだすためには、効果的な方法を使う必要があるのです。**これこそが「質問」なのです。**

　それも、営業の各段階での質問の内容を細かく設定することによって、理論的体系的に、引きだすことができるのです。

　これは、いままで感覚的にやってきた部分にメスを入れたといえるでしょう。

　これによって、いままで、できる人とできない人、センスのいい人とそうでない人がいるなどといわれてきた営業に、新しい世界を切りひらくことができるようになったのです。

　つまり、営業というコミュニケーションの世界に「質問」を取りいれ、理論的体系的なかたちで、誰にでも納得ができ、取り組めるものに仕上げることができたのです。

　また、これを確実に行うことによって、お客様の気持ちのレベルを見極めることができるようになったのです。

　営業のオーバートークなどで、お客様に不愉快な思いをさせたりして不評をかう、ということもなくなるでしょう。

49

どれだけ欲しいと思っているかがわからず、お客様からの返事を待っているということもなくなるでしょう。**確実に適切なタイミングで営業を行うことができるのです。**

　さらに、ひとたび営業の過程に入れば、非常に内容のある話ができ、契約が引き延ばされる、ということもなくなるのです。

　これは営業という職種に対する革命であり、まさに営業をコンサルタントやアドバイザーへの高みに押しあげるものでもあるのです。

2 質問で「何について、どれぐらい具体的に話してもらうか？」がカギ

　重要なのはお客様の求めているものであり、それを引きだすには営業マンの「質問」がカギなのです。

　お客様は何が欲しいのか気がついている場合もありますが、実は気がついていない場合のほうが多いのです。

　お客様は営業マンの質問によって、自分のことを話します。具体的に話していくうちに、まるで絡まった糸が解きほぐされるように自分自身のことをよくわかっていくのです。

　その過程で、欲しいという気持ちがますます強まることになるのです。

　そのように見ていきますと、**お客様への質問というのは、「自分自身のことを、どれくらい具体的に話してもらうか」ということがポイントなのです。**

第2章 質問のカギは「どのように話してもらうか？」

これが営業の各段階でできるようになったときに、次の成果が生まれます。

①アポイント……出会い、電話、飛び込みなどで、話を聞いてみたいと思われ、面会の約束が取れる

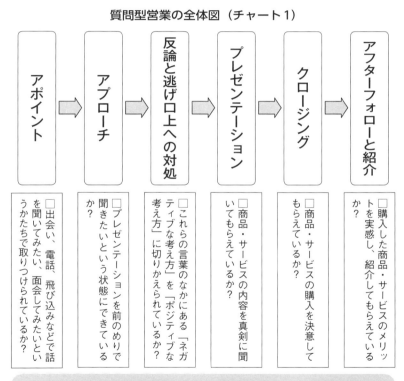

質問型営業の全体図（チャート1）

②アプローチ……プレゼンテーションを前のめりで聞きたいという状態にできる

③反論と逃げ口上……これらの言葉のなかにある「ネガティブな考え方」を「ポジティブな考え方」に切りかえられる

④プレゼンテーション……商品・サービスの内容を真剣に聞いてもらえる

⑤クロージング……商品・サービスの購入を決意してもらえる

⑥アフターフォローと紹介……購入した商品・サービスのメリットを実感し、友人知人を紹介してもらえる

各段階の目的を果たせるように、質問を用意します。

質問でお客様が次の段階へ向かうために求めているものを引きだし、最終的に自分自身の欲しい気持ちを叶えるために商品を購入してもらうのです。

それでは、各段階の質問はどのようにすればいいのでしょうか。

これは、人が自分自身の求めているものを引きだし、強め、明確にする方向で進めればいいのです。

それは以下の方法です。

①感じ、思う段階……お客様にテーマを投げかけて、感想、思いを話してもらう

　１．現状―現在の状況・気持ちはどうなのか？

　２．欲求―それをどうしたいのか？

②考える段階……それについて考えをめぐらし、欲求実現への
　方法を考えてもらう
　１．課題─欲求を実現するための課題は何なのか？
　２．解決策─その課題をどのように解決するのか？　その解
　　決策で解決するのか？
③行動する段階……行動することを決めてもらう
　１．欲求の再確認─その欲求を実現したいのか？　その方法
　　を求めているのか？

各段階の質問─話の流れ（チャート2）

①感じる思う

□お客様は求めているものをすでに明確にしているか？

□お客様はそれを求める理由をはっきりと自覚しているか？

②考える

□お客様はそのことをゆっくりと考え、その求めているものを実現することが自分にとって重要であると結論づけているか？

③行動する

□お客様は自分自身の気持ちを固めているか？

□求めているものを実現する解決策を求めているか？

現状は？

欲求は？

課題は？

解決策は？

欲求の再確認は？

提案は？

２．提案─それを真に実現する方法は？

　このように人の感情は「感じ、思う」ことから始まり、それが強まると「考える」段階に入り、さらに明確になると「行動」へと進むのです。

　「感じて思ってもらう」ための段階では、現状や欲求について質問します。

　「考える」ための段階では、課題や解決策を質問します。

　そして、最終の「行動」の段階では、欲求の再確認の質問をし、真の解決策の提案をするのです。

　このようにお客様の求めているものを引きだしながら、営業の各段階を進めていくというメカニズムは、かつての営業ではなされたことがない方法でしょう。

　いままで行われていた方法は、営業マンが話すことでお客様に欲しい気持ちを湧きあがらせるというものでした。

　質問型営業は、営業マンの質問によってお客様の心の内から求めているものを引きだすという画期的な方法なのです。

3 これが、「営業の質問の流れチャート」だ！

「営業は、お客様の欲しい気持ちが重要」とわかってから、私はそれを見極め、そして引きだすための質問をどんどん使いはじめました。

　そのときから、非常にうまくいく面会を何度も経験しました。

第2章 質問のカギは「どのように話してもらうか？」

営業の質問の流れチャート（チャート0）

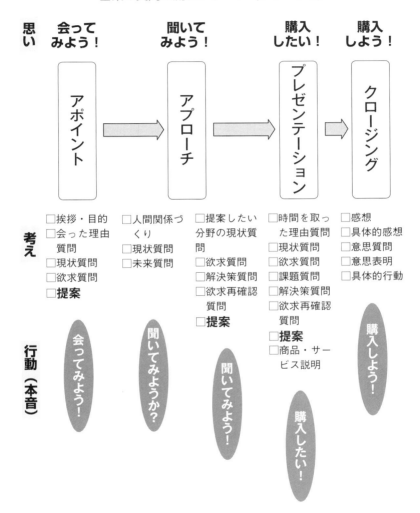

最終的には、お客様が求めているものが完全に引きだされ、強烈に強まり、「それを実現するにはどうすればいいのか？」「課題を解決するにはどうすればいいのか？」などの気持ちになり、お客様みずからが商品の購入へと進むようになったのです。

初めての面会でも、即決で契約になりました。

私は「なぜそのようになったのか」を分析しました。やはり、「質問」がカギでした。質問をその後の面会でも、同じように何度も使ってみました。

そうすると、やはり、質問で同じようにお客様の隠れていた欲求が表面化され、強まり、最終的に購入へ導くことができたのでした。

これをそれぞれの段階で分析して、質問の流れをつくったのが、「営業の質問の流れチャート」（55ページ）でした。

各段階にはまだまだ細かなものがあります。

しかし、大きな流れはこれでつかめます。質問は、それぞれの段階での目的が達成されればいいのです。

よく「どのような質問をすればいいのでしょうか？」と聞かれるのですが、重要なのは質問がその目的を果たしていることです。セリフは多少違って大丈夫なのです。

ただ、どう言えばいいのかがわからないという人も多いと思いますので、以降の章では、段階ごとに具体的なセリフを取りあげて話をしていきます。

大事なことは、この図のように各段階で、それぞれの目的の質問をすれば、お客様の求めているものは引きだされ、お客様みず

から行動を起こしていくということです。

このような質問によって、誰にでも営業が行えるようにしたのが質問型営業なのです。

4 営業をチャートで点検すれば、課題がわかる

営業というのは、お客様と営業マンのコミュニケーションで進んでいきます。コミュニケーションとは、「話す」「聞く」です。このとき交わされる言葉は、無形であり、非常にわかりにくいものです。話したことは一瞬にして消え去り、聞いたことは正しく理解できたかどうかも定かではないのです。

したがって、これらの言葉を使ったお客様と営業マンとの間でのコミュニケーションに、段階や流れがあろうとは誰も思わないのです。

なんとなく話して聞いて、うまくいった、うまくいかなかったというようなあいまいなものです。

もちろん多少の流れは意識しているでしょうが、この図にあるような具体的な流れは、ほとんどの人が気がついていないのです。

営業では、この流れをほとんどの人が知らないのです。営業センスがあるとか、ないとか言われますが、よく考えれば、その営業マンのわずかな結果や数字を見て漠然と言っているにすぎないのです。

ここで示した図は、まさに実践のなかでうまくいった実例を分

析して、細かく段階に分けたものです。

あなたの営業を見直してみてください。

あなたの営業をアポイント、アプローチ、反論と逃げ口上への対処、プレゼンテーション、クロージングの段階に分析することから始めましょう。それぞれの目的をしっかりと理解するのです。

各段階での質問の順番を理解してください。あなたがいままでにお客様と行った会話をチェックしてみましょう。

うまくいっているときには、おそらくこのような順番を踏んでいるはずです。反対にうまくいかないときには、順番がバラバラになっているのです。

この段階と順番を見ていくと、どの段階のどの部分が抜けているかがわかるはずです。それが、あなたの営業における「課題」となるわけです。

課題を見つけ、その部分の改善に取り組んでください。それぞれの段階と順番における改善方法を以降の章で、チャート図をもって解説していきます。それがわかれば具体的なてこ入れができるでしょう。

この本はあなたの課題をしっかりと見つけ、問題点を具体的に見つけ、改善をするものです。

あなたがいままでに、問題の解決ができなかったとすれば、この本はあなたの救世主になるでしょう。

58

第2章
質問のカギは「どのように話してもらうか?」

5 課題がわかるだけで、営業成績はぐんぐん伸びる

　あなたがお客様に受け入れてもらうためには、営業の段階と順番をしっかりと組み立てることです。これは「話の筋道」ともいえるでしょう。

　この話の筋道を進めるために重要なのが、「質問」です。

　質問は、それらの筋道のなかで、お客様の求めているものを明確にして、解決策をお客様と一緒に考えていくものです。

　「話の筋道」は、お客様が思いや考えを進めるうえで重要です。それらを引きだす「質問」は、お客様に刺激を与えます。お客様は自分の思いを感情的に引きだしやすくなるのです。これによってお客様は自分の思いや考えを整理でき、わかりやすくなるのです。

　この「話の筋道」と「質問」が整うことによって、営業成績は飛躍的に伸びるのです。

　営業において個々の強みは、あなたの営業に個性をつくるでしょう。

　「人なつこい」「物腰が柔らかい」などから、「明るい」「笑顔がいい」「表現が豊か」「言うべきことを失礼なくはっきりと言える」「論理的に話をすることができる」などの強みは、営業姿勢や表現をより個性的にしてくれるでしょう。

　お客様に対してあなたらしく、あなたでなければできないものになるでしょう。

59

同時に、あなたの営業方法の改革も必要です。

　営業とは、あなたが提供する商品・サービスが、いかにお客様に役立つかをわかってもらうことです。そのためには、お客様に理解してもらわなければならないのです。

　あなたの強みは、お客様にインパクトを与えますが、もっと大事なことは、お客様に理解してもらうことなのです。

　よりわかりやすく理解してもらうことは、強みを伸ばすよりも重要なことともいえるのです。

　そこでチャートを用いて営業方法の改革課題を具体的に浮き彫りにし、改善をするのが今回の狙いです。

　具体性というのは非常に重要です。漠然と言われてもわかりません。具体的であればあるほど、改善がしやすく、効果も出やすいのです。

　そこで営業を細かな段階に分けて、チャートにして、わかりやすくしたのです。また、表現法もチャートで表していきます。

　このチャートで具体的なチェックができ、あなたの改善は飛躍的に効率よく進んでいくでしょう。

6　営業の課題を理解し、改善しよう

　私は企業や個人の営業研修（質問型営業塾）で、ロールプレーイングなどをとおして、受講生の指導をしています。

　たとえば、アプローチにおける名刺交換時の「雰囲気」「表現」

「質問の内容」「質問の仕方」などです。

「立ち姿では足をそろえましょう」

「もっと親しみとあたたかさを込めて言いましょう」

「端的に質問しましょう」

「質問内容は20文字以内で」

「声はうわずらず、お腹から出しましょう」

　などの具体的な指導をします。

　これを指導したうえで、今度は指導前の姿と指導後の姿をタブレットやスマホなどで動画にとり、受講生にその違いを見せてあげたりします。受講生にとっては、ここまでして、はじめてその違いがわかるのです。

　そうすると、どうでしょうか？

　指導後の姿勢が格段によくなるのです。お客様にわかりやすくなりますし、受け入れてもらいやすくなるのです。

　このような指導で私自身も気づくことがあります。

　それは受講生本人が指導されるまではまったく気がついていないということです。

　営業マンの気がついていないことを課題として浮きあがらせ、指導してあげるだけで、お客様にとって格段にわかりやすく、受け入れてもらいやすくなるのです。

　これが営業指導で必要なことなのです。

　お客様の前で自分なりに精一杯やったとしても、それが表現できず、伝わらなければ意味がないのです。

「なぜ、わかってくれないんだ」「これだけ私が一生懸命やっているのに」と文句を言っても結果は変わりません。

　お客様に、より伝わりやすく表現することが重要なのです。特に、「話の筋道」と「質問」は重要です。それらの課題が明確になり、改善されれば、営業は大きな前進をするのです。

7 それぞれの段階の質問のスクリプトを作りあげろ

　これまで営業の各段階や流れについてお話ししました。

　ここから重要になるのは、その流れのなかの細かな質問の内容です。質問のセリフをスクリプトといいます。舞台で役者が言うセリフにあたります。

　質問というセリフによって、お客様が口を開きます。どれくらい口を開くかは、質問の内容と言い方によって決まるのです。これらを具体的に改善するのです。

　次の章からは、このセリフについても説明していきます。具体的なチェックもできるでしょう。

　ただ、最終的にはそのセリフにこだわらないでください。

　重要なのは、質問が流れと、その目的をしっかりと果たしているかどうかです。セリフにあまりこだわると、ぎこちなくなり、かえって違和感が出てしまうのです。

　セリフにこだわらないようにするためには、質問のセリフを何回も反復して完全に口癖にしてしまうことです。

私は趣味で落語を習っています。プロの落語家さんに習っていますが、落語の世界でもセリフが存在しています。まずはセリフが入らないと、しぐさはできないのです。

　この落語の世界でのセリフはもう口から無意識に出るぐらい反復練習しなければいけないのです。少なくても100回以上はくり返し行います。

　そうすると、セリフが自然に口から出てくるようになります。

　営業に当てはめれば、質問のセリフが当たり前のように出はじめて、その言い方、緩急強弱を含めた間の取り方などができるようになるのです。

　まずは、スクリプトを作り、何回も反復して、覚えたかどうかをチェックすればいいでしょう。

第3章

アポイントでの決め質問「私どものことはご存知ですか？」

1 アポイントは感謝と謙虚さを大切に

　まず、お客様にアポイントを取ること。

　これが最も効率的に営業をする方法です。新規営業であろうが、ルート営業であろうが、どちらも事前にアポイントを取れば、お客様の仕事の邪魔をすることなく、なおかつこちらも目的を果たすことができるのです。

　ところが、このアポイント自体がお客様の邪魔になるのです（最

アポイントの３段階（チャート３）

①コミュニケーションを取る　②見込み度を見極める　③アプローチを取る

□感謝と謙虚な気持ちで話しているか？

□あたたかく優しく接しているか？

□言葉に気持ちが入りにくければ立って。ＢＧＭをかけて環境を整えているか？

□３秒で質問しているか？

□すべての会話を質問のかたちにしているか？

□アポを取るのではなく、見込み度を見極めているか？

□現状から欲求を引きだしているか？

□「どういうことなの？」と聞かれるような会話をしているか？

□アポイントを取っているか？

□近くに行ったら挨拶で寄ると言っているか？

□会えなければ、まずは資料を送っているか？

66

近はメールなどが活用されます。あくまでもそれは挨拶とし、メールのなかで後日電話することを伝えます)。

特に新規電話は、見ず知らずのお客様が相手です。こちらの都合で適当な時間に電話をします。お客様がそのとき何をしているのかわからない状況での電話です。お客様にとってみれば、これほど勝手な営業はないのです。

しかし、それを承知で行わないと、新規営業などは、らちがあかないのです。

まず、迷惑な電話だという自覚が必要です。

そうすると、電話に出てもらえただけで感謝の気持ちが湧きあがるのです。それが言葉の端々に表れます。

「お忙しいなか、ありがとうございます！」

「お電話、失礼します！」

電話口で頭を下げて、感謝を伝えるようになるのです。

もちろんお客様には、そんな営業マンの姿は見えません。

しかし、それが「声の表情」となって、必ずお客様に伝わるのです。私は電話営業では、当初からこの姿勢で臨みました。

営業マンの言葉に「感謝と謙虚さ」が加われば、電話に出たほうもそう悪い気がしません。相手先も丁寧に接してくれます。

相手が丁寧に対応してくれれば、さらに感謝できます。声にもそれが表れてくるでしょう。

電話のポイントは、この営業マンの感謝と謙虚さの姿勢にあります。トーク以前のこのような心持ちが重要なのです。

私の家などにも営業電話がかかってきます。

　多くの場合、挨拶もそこそこにすぐに要件に入ろうとします。そこには、電話に出た私に対して、感謝もなければ、謙虚さもありません。

「○○会社です。実はですね、当社の特別キャンペーンのご案内なのですが……」

　すぐさま、自社商品の宣伝のスタートです。

「よくこれで営業やってるなー」という感心とともに、「会社は一体どういう教育をしているのだろう」「経営者は、一体何を考えて仕事をさせているのだろう」と感じます。

　これでは、かえって会社の評判を落とすために電話をしているようなものです。

　めざす担当者でなく、受付嬢が出ることも多々あるでしょう。そのときも、同じように「お忙しいなか、ありがとうございます。こういった件はどなたにご連絡すればよろしいでしょうか?」と、感謝と謙虚さをもって言うのです。

　まずは、どの人に対しても「感謝と謙虚さ」を心にもって対応することが一番重要なのです。

2 とにかく、あたたかく、優しく

　私が人材教育カリキュラムの営業をスタートしたとき、ターゲットを経営者に絞りました。いろいろなリストをかき集めて電

話をかけて、アポイントを取ったり、資料を送ったりしました。

　資料はほどほどに、やはり面会を重視しました。面会したほうがよく理解してもらえるからです。

　したがって、どうすれば経営者に電話口に出てもらえるか、直接話してアポイントが取れるかをいろいろ研究しました。

　結果、究極の方法がわかり、私は電話一本で、約15年間ビジネスを行ってきました。

　その方法とは、電話に出た相手と数秒で親しくなり、楽しく会話をすることです。

　私の電話をかたわらで聞いていた仲間は皆びっくりして、「いまの方は知りあいですか？」「友人ですか？」と言います。

　もちろん、私は相手のことは一切知りません。でも、楽しく話ができるのです。

　このような電話は仕事をしはじめて、すぐにできるようになりました。「電話アポイントは青木から学べ」「電話は青木から教えてもらえ」と言われるぐらいになりました。

　そのコツは、先ほどの「感謝と謙虚さ」です。そして、次に「あたたかく、優しく」なのです。

　「一期一会」という言葉があります。

　この広い世の中で、ビジネスをとおして、一本の電話でそれまでまったく関係のなかった人とつながれるのです。電話をとおして、仕事について、話を交わせるのです。

　そう考えれば、「ありがたい！」というひと言に尽きます。忙

しいなか、わざわざ電話に出てくれ、話をしてくれることに嬉しさが自然とにじみ出てきます。それを表現するのです。

「潤う」という言葉をご存知ですか？
「さんずい偏」に「門」のなかに「王」と書きます。この語源は、門の中の王様、つまり、城の中の王様が民衆が楽しそうに生活している姿を見て、喜びの涙を流し、その涙が門の外にまで溢れているという意味だそうです。
　私は電話ではこの「潤いのある声」をめざしました。それが「あたたかく、優しく」なのです。

　私はポッドキャスト（インターネットラジオ）で「青木毅の『質問型営業』」「青木毅の『経営者のための質問型営業』」という番組を2015年5月から始めています。毎週金曜日、すでに150回以上配信しています。
　経営・マーケティング部門では常にベストテンに入る人気番組で、ダウンロード回数もすでに600万回以上です。
　この私の声をリスナーのみなさんは、いい声だと言います。私の話を聞くと、元気が湧くと言ってもらえます。
　もしそうだとしたら、いままでに電話などで、「感謝と謙虚さ」そして「あたたかく、優しく」を常に心がけてきたからでしょう。それが電話だけでなく、日常でも表現されるようになったのでしょう。

　これは飛び込み営業でも同じです。

第3章
アポイントでの決め質問
「私どものことはご存知ですか？」

　飛び込みは、あなたの仕事や人生ですばらしい出会いをもたらす入り口なのです。

　そう思えば、電話は楽しいものとなり、あなたの営業を切りひらいてくれるものなのです。

3 立ち上がって、ひとりになれる場所で、思いっきり手振り身振りで表現しよう

　もう30年以上の前の話です。

　私がこの仕事をするときに、こんな電話の心構えを教えてくれた講師がいました。

　その講師は「電話線のなかに声だけでなく、自分の体もとおせ！　そして、相手先の電話口に自分を登場させろ！」と、まるで電話線のなかをとおるように、腕を伸ばして電話線のなかに入っているふりをして、電話口から「はい、登場！　こんにちは！」と言いながらジェスチャーをしてくれました。

　会場の参加者は、もうお腹を抱えての大笑いでした。

　私は電話でビジネスを展開してきて、この話はいまでも真実だと強く信じています。活用の仕方によって、たかが電話ではなくなるのです！

　電話の声に、営業のすべてが表れるからです。自分の思い、お客様に伝えたいことのすべてが表されるからです。

　特に電話は声しかありません。表情は伝わりません。その声だけで、あなたが伝えたいすべてが表われているのです。

71

そんなことに気がついてから、私は電話のときには席を立つことも多くなりました。

そのほうが気持ちもシャンとして、自由に表現できるからです。お辞儀もしっかりとできます。

携帯電話が普及してからは、外で電話することも多くなりました。公園の緑に囲まれた青空のもと、ゆっくりと歩きながら、手振り身振りを交え、お客様と話すのです。

一生懸命さで声が大きくなり、周りの人に「あの人、何やってんの？」などと思われたら、場所を変えればいいだけです。

そんな気持ちでやっていれば、1時間や2時間はすぐにたち、苦痛などという表情にはなりません。

室内で電話するときには、いつもBGMをかけます。昔はリチャード・クレーダーマンなどをよくかけました。現在、本を書くときにもBGMをかけています。いまの私のおすすめはダン・ギブソンです。

環境を整えて、自分が仕事をしやすい状況をつくり、電話をするのです。

電話に集中し、電話に出てくれたことに感謝し、謙虚にあたたかく、優しく接すれば、必ずわかってくれるお客様が登場するのです。

第3章
アポイントでの決め質問
「私どものことはご存知ですか？」

4 電話は3分まで

　次は「電話する方法」です。

　いかに電話で的確に要件を伝え、面会の約束を取りつけるかがポイントです。相手にとっては、突然に何の前触れもなくかかってきた電話です。迷惑な場合もあるでしょう。

　だからこそ、めざすべきは「3分までで終わらせる電話」です。

　新規の電話だとすると、業界名簿や企業のリスト、年鑑をもとにかけるか、問い合わせの個人名簿リストからかけることになります。

　電話アポイントで気をつけたいのは、自社や商品について説明し、「その件についてお会いしたい」と急ぎすぎてしまうことです。

　意外に見落とされがちなのですが、このようなアポイント電話には、決定的なものが抜けています。

　それは、お客様がその内容について、どれくらい関心をもっているかです。

　これを確かめずに話を進めると、「一方的な電話」と思われます。このような電話は、「お客様にとにかくアポを取りつける」電話といってもいいでしょう。「商品の話をすれば、きっと興味をもってくれる」と考えて、必死でアポを取るのです。

　そうではなくて、**大事なことは「多少なりとも興味のある人にアポイントメントを取る」ということなのです。**

　そのためには端的な会話で、お客様の関心や考えを聞きださな

73

くてはなりません。

これをお客様にもわかるように短く行います。

そこで「質問」を利用するのです。質問であれば、一方的な電話から双方向のコミュニケーションに持ちこめます。質問をすることにより、お客様が答えてくれるからです。

そして、お客様の返答によって、関心の度合いもわかります。

お客様への電話の手順は、次のようになります。

①コミュニケーションを取る（自分の紹介、電話の目的）

②質問で見込み度を見極める（関心度を聞く）

③アプローチを取る（面会を約束するか資料を送る）

5 アポイントはとにかく3秒で質問

私は営業という仕事を30年間やっています。電話だけは、質問型営業を当初からやっていました。

といいますのも、電話はとにかくお客様に話してもらわなければ、一方的になるからです。

一方的な電話では、お客様は話を聞いてくれません。「ガチャ切り」も多く発生します。もちろんアポも取れません。取れたとしても、大したアポイントにもならないのです。

無理なアポイントは、強引に押しかけてきたようなイメージが強く、警戒心を解くだけでも時間がかかるのです。

アポを取ったにもかかわらず、不在のこともありえます。

そこで私は、3秒でお客様の口を開かせる方法を考えました。それが「私、リアライズの青木と申します。**私どものことはご存知ですか？**」という質問です。

当初は、苦し紛れのセリフでしたが、これが実は効果をあげました。

「私どものことはご存知ですか？」と言うと、「えっ、知っていたかな？」と考えてもらえるからです。

そうすると、営業マンが言った会社名を無意識にリピートするのです。

次に「教育をやっている会社です」と言うと、その内容が頭によく入るのです。

「私、リアライズの青木と申します。教育をやっている会社です」と一気に言われると、お客様の頭のなかには何も残りません。

つまり、**質問はお客様に考えてもらう効果があり、印象に残る**のです。

ただ、**気をつけてもらいたいのは、謙虚に質問をするということ**です。

自分が勝手に電話して「私どもの会社を知っていますか？」と言われると、「この忙しいのに何？」となります。言い方によっては、頭にくる場合があります。

私の指導先で次のような話がありました。

「青木先生、先日、売り込みの電話がかかってきたんです。それが、最初から唐突に、『私どもの会社、知っていますか？』って

言われたんで、『そんなこと知るわけないだろ』って言ってやりました。なんとなく偉そうに聞かれましたので、頭にきましたよ。多分、あれ、質問型のトークを形だけ真似しているんですよ」

　くれぐれも言い方には気をつけてください。
　また、返事にはしっかり「共感」もしてください。
「共感」は非常に重要です。共感があるからこそ、お客様にも話をしてもらえるのです。共感は電話でも最重要項目といえるでしょう。
　質問を謙虚に行い、返事には必ず共感で表現する。
　これをくり返すと自然に親しみが湧いてきて、コミュニケーションが始まるのです。質問の話題にお客様も集中しだすのです。
　質問で注意することは、「質問は20字以内」にすることです。20字は、人が聞いたときに一度で意味のわかる文字数なのです。
　このような質問型の会話をくり返し、コミュニケーションをしはじめると、電話でもざっくばらんに会話ができるようになるのです。

6 すべての会話を質問で

　電話ではこのような質問形式で、お客様の話を引きだしながら、進めていきます。
　①コミュニケーションを取る段階では、質問をしながら自己紹介を行います。そして、自分の商品分野に焦点を当ててもら

第3章
アポイントでの決め質問
「私どものことはご存知ですか？」

効果抜群！　アポイントのトークスクリプト（チャート4）

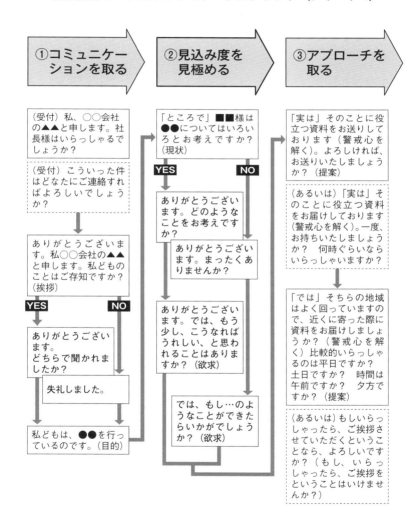

います。

②見込み度を見極める段階では、「この分野についてどのように考えているか？」などの質問をします。この分野での現状と求めているものを簡単に聞きます。

③面会や資料送りにもっていきます。

基本トークスクリプトは、チャート4に書いてあります。質問の答えの、YES、NOにもとづき、関連する次の質問をしていくのです。お客様と親しく、ざっくばらんな会話に持ちこめるかは、質問によるところが大きいのです。

このように電話でコミュニケーションができると、お客様には印象深い相手となります。

したがって、面会でも応接室にとおされ、しっかりとした話し合いができるようになるのです。

さぁ、あなたの電話トークスクリプトを見直してみてください。

特に、チャート4の「アポイントの3段階はしっかりできているか？」、また「求めているものを引きだす質問はできているか？」をチェックしてみてください。

自社のトークスクリプトを作ってもらえば、現在の状況から改善を行うことができるでしょう。ロールプレイングを行ったうえで、現場で実践して、お客様の反応を確かめて、改善しながら精度をあげればいいのです。

7 質問の後、インパクトのある言葉で引きつける

　質問の後は、インパクトのある言葉で続けましょう。質問はお客様に、そのことを思い浮かばせるように作用します。その後に短いインパクトのある言葉を続けると、印象深くお客様の心に突き刺さるのです。

　たとえば、「私、○○会社の▲▲と申します。私どものことはご存知ですか？」と言うと、「えっ、何の仕事だっけ？」と考えます。

　そこで、すかさず、

「私どもは『業績を30％あげる営業法』を提供しています」

「私どもは『すぐ会話ができる英語トレーニング』を提供しています」

「私どもは『10キロやせる体操』を提供しています」

　と言うのです。

　おわかりのように、**具体的な数字を入れます**。具体的でインパクトのある内容を端的に言うのです。

　そうすると、お客様の心に響きます。それも「何の仕事だっけ？」と考えているところに適確に伝えると、よりインパクトがあるのです。

　もし、「私どもは営業法のなかでも、非常に効果のある方法を用いて、業績を以前に比べて30％もあげていくすばらしい方法を提供しているのです」と言われたらどうでしょうか？

前者は文字数が20字以内におさまっていますが、後者は文章がいくつにも分かれ、60字以上になっています。それだけで非常に意味がわかりづらくなるのです。

　質問の後はインパクトのある言葉で引きつけます。
　もちろん、事前にまとめておく必要もあります。自分自身で言いやすく、インパクトのある言葉を練って作りあげるのです。
　私の指導したなかでは、「経費20％削減を目標にお手伝いをしています」というアプローチで営業を成功させている会社があります。
　ご自身の会社のキャッチコピーとして、大いに練りあげてほしい部分です。

8 「どういうこと？」と聞かれたら見込みあり

　チャート５の②の「見込み度を見極める」部分で、**「ところで、■■様は●●についてはいろいろとお考えですか？」**という質問をします。
　このときに「●●について」という部分に、チャート５のように「業績」「英会話」「体」「自宅」などの言葉を入れます。ここで、お客様の考えを話してもらいます。
　さらに、**「では、もう少し、こうなればうれしい、と思われることはありますか？」**などの質問を続けます。
　質問に触発されて、「それはどういうことですか？」などとお

客様が質問してきたら、商品について多少なりとも関心があると
いえるでしょう。

効果抜群！　アポイントの具体的トークスクリプト（チャート5）

①コミュニケーションを取る

私どもは●●を行って
います

- 私どもは「業績を30％あげる営業法」を提供しています。
- 私どもは「すぐに会話ができる英語トレーニング」を提供しています。
- 私どもは「10キロやせる体操」を提供しています。
- 私どもは「新築とそっくりになるリフォーム」を提供しています。

②見込み度を見極める

「ところで」■■様は
●●についてはいろい
ろとお考えですか？

- 会社の業績については
- 英会話については
- お体については
- ご自宅については

③アプローチを取る

警戒心を解く

- 利用する、しない、はむしろ考えないでください。あくまでも参考に聞いてください。
- お伺いして、簡単に説明させていただくほうがすぐにおわかりと思います。
- むしろ、ご利用など考えないでください。あくまでもご挨拶です。
- 私どもは情報の提供と思っています。それでお役に立てればうれしいです。

たとえば、あなたが会社の業績について考えているとします。特に営業力について考えているとします。

　そこに一本の電話がかかります。その電話の向こうでは「営業力を強化する」という話が出ました。

　そのことを考えていたあなたは「それはどういうことですか？」と質問をして、もう少し話を聞いてみようと思うのが自然でしょう。

　このようにお客様が、これからこちらが提案したい商品のことを考えていれば、何らかの反応があるのです。反応があるということは、その商品を購入・採用する見込みが多少なりともあり、商談になる確率は高まるということなのです。

　大事なことは、営業マンが投げかけた質問に対して、どれくらい反応してくれるかなのです。

　そのためには、すぐさまコミュニケーションに持ちこむための質問力、提案したい商品の分野に焦点を合わせてもらうための質問力が必要になります。

　それらを用いながら、お客様の反応を見て、興味・関心を探っていくのです。

9 アポが取れなくても、近くに行ったら挨拶に寄る

　くり返しになりますが、電話では、アポイントを取ることです。しかし、強引にアポイントを取ったり、一生懸命お願いしてア

第3章
アポイントでの決め質問
「私どものことはご存知ですか？」

ポイントを取ったりしたらどうでしょうか。

　面会しても、嫌がられるのがオチです。お客様は警戒心が強く、いかに断ろうかとしか考えていません。お客様に心を開いてもらい、商談に持ちこむなど至難の業です。ほとんどはアウトです。

　これでは営業は厳しいと言わざるをえません。しかし、この厳しい状況はみずから引きおこしているのです。

　そもそも、いい返事をもらえないお客様にアポイントを取って何の意味があるのでしょうか。

「営業マンの私が会って話をすれば、きっとこの商品を欲しくなる」というのは、妄想に過ぎないのです。

　お客様には、個々の事情があるのです。多少なりとも興味をもっていれば、お客様は会ってくれるはずなのです。

　このように考えると、アポイントが取れないのは、「その話を聞いてみよう」というところまで気持ちがいっていないからなのです。お客様は、アポイントを取る一歩手前にいます。

　それなのに何とかアポイントを取ろうとするのは、かえってマイナスなのです。

　このような場合には、**「では、そちらの地域はよく回っていますので、近くに寄ったときにご挨拶したいのですが、いかがですか？（ご挨拶させていただくのはいけませんか？）」**と言えばいいのです。

　そして、「いらっしゃる時間は午前が多いですか？　それとも夕方ですか？　週初めと週末とではどちらがよろしいですか？」

などと聞けば、会える確率は高まるのです。

　これは既存のお客様のフォローなどから追加契約を取る営業指導などでも効果をあげています。

　すでに取引があって、いまのところ格別用事はないというお客様にわざわざアポイントを取ろうとしても、「会うのはいいんだけど、用事はないし」と思われ、スムーズにアポイントが取れません。こういうときに効果的なのです。

　会うと親しみも湧き、いろいろ話している間に欲求が高まり、追加提案ができるのです。

　新規営業先でも効果があります。

　回る周辺のリストを持って、地域を回ったときに訪ねていけばいいのです。お客様に会い、話をして、見込み度のランクアップをはかるのです。

　このようにしたほうがお客様にとっても負担がなく、好印象を与えることができます。

　営業マンにとってもアポイントを取らなければならないというプレッシャーから脱することができ、時間を効率的に活用することができるのです。

10 アポを取るのではなく、見込み度を見極める

　営業で大切なのは、「お客様の求めているものを引きだすこと」です。そのためには、「お客様に質問する」ことでアポイントを

取るのです。

このように見ていきますと、アポイントの段階で質問が非常に重要なことがわかってきます。

それは「お客様の求めているものを引きだす前に、そもそもお客様が自分たちの商品分野に求めているものはあるのか」ということなのです。

つまり、「お客様が欲しい気持ちをもっているのか見極める」ということなのです。営業する側からいえば、「見込み度」を測るということになります。

アポイントを必死に取ってやみくもに説得に行くよりも、興味をもっているお客様を見つけ、

①アポイントを取る

②近くに行ったら寄る

③資料を送り、次回の電話で感想を聞く

など、お客様の状況に合わせて、対応を変えればいいのです。提供する商品に対して求めているものを引きだしていく、欲しい気持ちを高めていくことを行えばいいのです。

このような考えは「お客様の求めているもの」を「引きだす」のか、「植えつける」のかという考え方からきています。

「引きだそう」とすれば、質問によってお客様の思いや考えを聞くことになります。

反対に「植えつけよう」とすれば、自分の思いや考えを押しつけ、いかにこの商品がすばらしいか、必要かを説明することにな

るのです。

　この根本的な部分での考え方をふまえて、アポイント段階で行うべきこと、トークを見直してください。

　あなたのアポイントの取り方が変わってきます。時間効率もよくなってくるでしょう。あなたは電話でのお客様の反応が気にならなくなり、知らずしらずにその本数が増えてくるのに驚くでしょう。

　結果として、あなたは電話や飛び込みで数多くのお客様を見つけることができるようになるのです。

　私が現在付きあっている友人、そして先輩、先生の多くは、仕事をするなかで知り合った方々です。付きあいの長い場合は30年。10年20年付きあっている人もたくさんいます。

　その知り合う入り口が、新規電話でした。たった一本の電話から人間関係がスタートしたのです。電話での「一期一会」の出会いから、仕事だけでなく一生の友人にもなっているのです。

　一本の電話であっても感謝と謙虚さ、あたたかさと優しさをもって臨んでいきましょう！

第4章

アプローチでの決め質問
「なぜ、会っていただけた
のですか？」

1 アプローチこそが営業のカギ。ポイントは前のめり

営業はアプローチで決まる。

これは私が営業を30年間やってきて、得た結論です。アポイントを経て、初めての面会がアプローチです。アポイントも含めたアプローチでお客様にどのような印象をもってもらうかで、その後の商談の内容が変わってくるのです。

では、アプローチがどのようになればいいのでしょうか？

結論としては「前のめり」がカギです。

お客様のほうから話を聞きたいという前のめりの姿勢をつくることができれば、お客様はプレゼンテーションを自分のために聞こうとするでしょう。話の一言一句を自分のこととしてとらえ、非常に内容のあるものになります。

反論や逃げ口上というお客様の言い訳も、現状での課題や疑問点へと切りかわり、営業マンと一緒に解決しようとするでしょう。

したがって、最終の契約（クロージング）へとほとんど問題なく進むことができます。

営業で一番重要なことは、お客様が自分のために商品を買ってくれることです。

もしかしたら、そんなのは当たり前のことと思われるかもしれません。

でも、意外に「営業マンが熱心だったので、その気もなかったのに買ってしまった」なんてことは多いのです。

お客様が自分の意志で購入するという姿勢が、営業においての最大のポイントなのです。それは、お客様が商品を喜んで活用することにつながります。商品購入後の生活の変化を実感し、喜びを感じます。

　そうすると、お客様は営業マンが自分にすすめてくれたことへ改めて感謝します。それが感謝の言葉となり、知人の紹介にもつながるのです。

　このようなお客様が増えることによって、営業マンは「お役に立っている」という実感をもち、自分の仕事への信念を高めるのです。この信念の育成が営業を行ううえで、非常に重要なのです。信念が強まれば強まるほど、営業マンは自分の行っている仕事に誇りをもち、ますます仕事を加速させるのです。

　営業で役立っているという信念は、お客様の反応をどんどんよくし、契約確率を高めます。次から次へと紹介されるようになり、最終的にはみずから営業する必要がなくなるほど、自然にまわりはじめるのです。

　つまり、アプローチの成功によって、契約までがスムーズに行われるだけでなく、紹介にもスムーズにつながり、営業活動がいらなくなるという奇跡が起こるのです。

2 アプローチは３段階

　では、この「前のめり」の状態になってもらうためには、どう

すればいいのでしょうか。

これが非常に重要なのです。

もともと商品の話を聞きたいというお客様はすでに前のめりですから、そんなにむずかしくありません。

問題は、それ以外の人です。「多少興味はある」「時間が来たら考えようと思っている」「タイミングがあえば」などというお客様は、まだ欲求が強くなっていないのです。そのような人に、いかに興味をもってもらうかがポイントなのです。

もし、あなたがお客様を前のめりにできたら、契約成立の確率は20％以上あがるでしょう。つまり、一流の営業マンになることができるのです。

では、どうすればいいのか。

それは、お客様に自分の求めているものについて、いままで以上に深く、しっかりと考えてもらうことなのです。

そのためには、営業マンとの面会のなかで、心を許し、信頼し、質問にしっかりと考えてもらう状況をつくることです。

質問型営業では、このアプローチを次の3段階でつくっています。この部分が、質問型営業の最大のノウハウです。

①お客様の求めているものを引きだして興味を引く段階
②信頼を勝ち得て、お客様の心をオープンにする段階
③お客様に求めているものについて真剣に考え、その達成手段についても考えてもらう段階

90

第4章
アプローチでの決め質問
「なぜ、会っていただけたのですか？」

アプローチでは、資料をほとんど使わないのがコツです。会った早々に資料を出すと、単なる売り込みにしか思われないからです。

まずは、雑談に近い会話でお客様との距離を縮め、求めているものを引きだすのです。

これを会話で行います。これこそが、抜群に効果のあるアプローチ法なのです。具体的にひとつずつ見ていきましょう。

アプローチの3段階（チャート6）

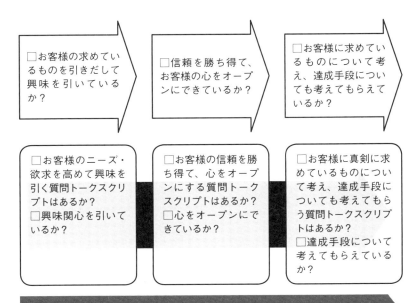

どんどんと前のめりの姿勢になる

3 「スタート段階」ではお客様の求めているものを引きだし、興味を引く

　まず、面会におけるアプローチは「お客様の求めているものを引きだして、興味を引く段階」です。

　ここで重要なのは、すぐさまお客様の注意を引くことです。

　そのためには、てきぱきと話を進めなければなりません。次のように行います。

　①まず「挨拶」です。自己紹介をして、今日来た目的を伝えます。自分が扱っている商品・サービスと分野について簡単に話します。

　②質問をすぐにします。コミュニケーションを始めることが重要です。

　③あなたが提供する商品・サービス分野についての「現状」について聞きます。

　④現状を聞いたら、今後何を求めているかを聞きます。

　⑤それを聞いたうえで、「提案」です。「それならば当社がお役に立つことができる」「よければ一度話を聞いてもらえれば」と話を終えておきます。

　くり返しますが、ポイントは、「お客様の興味を引く」ことです。

　自社のやっていることを伝えて、役立つことができると伝えること。お客様にその情報を伝えることです。

　決して売りこみに来たのではないことを理解してもらい、お客様の興味を引くのです。

営業マンの側からすれば、興味を引くだけで、商品説明をしないということです。最初から売りこみをされると誰もがいやになります。概略だけを自信たっぷりに言うのです。

お客様が何に困っているのかを聞き、どうしたいのかを聞き、**「それなら役立ちます！」**と言えば、誰もが多少なりとも興味をもつはずです。

アプローチのスタート段階（チャート7）

①お客様のニーズ・欲求を高めて興味を引く段階

□スマホなどの動画でとって、自分のアプローチをチェックしているか？

□話を切りかえるには、「ところで」「そういうなかで」と言っているか？

□話を理解するには、「どういうこと？」「たとえば？」「なぜ？」「ということは？」の質問をしているか？

□「なぜ？」「ということは？」の質問をしているか？

□「共感」は姿・声で表現してるか？

□会話は「好意─質問─共感」のサイクルで行っているか？

□「感謝」「謙虚さ」「あたたかさ」「優しさ」を表現しているか？

□質問で焦点を絞り「現状─欲求─提案」をしているか？

□「なぜ、会っていただけたのですか？」と聞いているか？

□挨拶（質問）20字以内の端的な質問にしているか？

□挨拶（表現）親しみとあたたかさを込めて言っているか？

□挨拶（立ち姿）足をそろえて、会釈して挨拶しているか？

□挨拶（雰囲気）堂々と入り、声はうわずらず、お腹から出しているか？

4 「なぜ、会っていただけたのですか？」で立場を変えろ

　アプローチの最初の段階で行うことは「挨拶」です。今日訪れた目的と扱っている商品・サービスと分野について簡単に話します。そして、お客様の状況や仕事についても簡単に聞きます。

　すぐさま言ってほしいのが、**「なぜ、会っていただけたのですか？」**という質問です。この質問を面会の直後に言うことを心がけましょう。

　この質問を言えるかどうかが、面会のポイントです。

　なぜなら、会った理由を言うことで、お客様は、自分のこととしてとらえ、少し前のめりの状態になってもらえるからです。

　このセリフを言ったあとは、次のような会話が予想されます。

営業マン「なぜ、会っていただけたのですか？」

お客様「いや、君が会いたいと言ったからだよ」

営業マン「確かに私がそのように言ったかもしれません。でも本当に必要なければ、お時間を取っていただくこともなかったと思います。何か、気になったことがありませんでしたか？」

お客様「いや、別にないけどね」

営業マン「そうですか。何か少しでもあれば聞かせていただけませんか。そのほうが、お役に立つお話ができると思いますので」

お客様「強いて言えば、そうだね、実は……」

第4章
アプローチでの決め質問
「なぜ、会っていただけたのですか？」

効果抜群！　アプローチのスタート段階・トークスクリプト
（チャート8）

①お客様のニーズ・欲求を高めて興味を引く段階

（挨拶）私○○会社の▲▲と申します。今日はお時間を取っていただき、ありがとうございます。
私どものことはご存知なかったですか？　ご存知でしたか？

YES　　　**NO**

ありがとうございます。
どちらで聞かれましたか？

失礼しました。

（目的）私どもでは、●●を行っているのです。これは〜のために役立ちまして、〜のような方法で行います。

（お客様のこと）**「ところで」**お客様はどのようなものを扱っておられるのですか？

「ところで」今日はなぜ会っていただけたのですか？

（あなたが会いたいということでしたので）

確かに私がそのように言ったかもしれません。でも本当に必要なければ、このようにお時間を取っていただくこともなかったと思います。何か、気になったことがありませんでしたか？

（いや、別にないけどね）

まったくありませんか。何か少しでもあれば聞かせていただけませんか。そのほうが、お役に立つお話ができると思いますので。

（そういえば、そうだね。実は……）

（現状）この分野の状況はどのような感じですか？

（現状）たとえば、現在のお取引の状況は？いまのお客様の状況は？

（欲求）**「そういうなかで」**今後どのようにしたいですか？　このようになったら、などはありますか？

（提案）それならば、当社の情報がお役に立てると思いますよ。
それならば当社の情報が必ずお役に立ちますね。

（お客様自身のことを聞く）**「ところで」**……。

95

このようになれば、しめたものです。お客様は会ってくれた理由を口にしはじめるのです。「〜のために話を聞きたい」「〜があるので話を聞いてみようと思った」となります。

　この瞬間に、お客様自身の求めているものや課題と営業マンの提案する商品分野を、お客様が関連づけるのです。
　これで、お客様は多少なりとも「前のめり」になり、面会がお客様の求めているものや課題を解決する時間になるのです。
　求めているものや課題をもっていない人などいないものです。ただ、それらをあきらめ、保留のままほったらかしにしているのです。**そのことを思い出してもらって解決への手伝いをするのが、営業マンの仕事です。**
　それが「なぜ、会っていただけたのですか？」というワンフレーズの質問で始まるのです。
　多くのお客様は「営業は売りこみの仕事」と思っていますが、本来そうではありません。営業という仕事は、お客様の役に立つことであり、そのために商品・サービスを使ってもらうことなのです。
　ただ、営業マンが質問をするときには高飛車にならないように気をつけてください。あくまでも謙虚に言ってください。
　お客様は営業マンの気遣いに感謝し、質問について考えてくれるでしょう。

96

第4章
アプローチでの決め質問
「なぜ、会っていただけたのですか？」

5 質問で焦点を絞り、「現状―欲求―提案」

　営業マンは提案の商品分野がどうなっているのか質問します。
「この分野の状況は、どのような感じですか？」
　まずは、こんなファジーな言い方の質問でいいのです。そのほうが、多角的に考えてもらえるからです。お客様が答えにくいようでしたら、
「いまのお客様の状況は？」
「たとえば、現在のお取引の状況は？」
　と具体的な質問にすればいいのです。
　これで、現実を見つめてもらいます。現実を見つめれば見つめるほど、求めているものや不満が自然に見えてきます。
　そこで、どのようにしたいのかを聞けばいいのです。
「今後どのようにしたいですか？」
「ご要望などがありますか？」
　この質問で、求めているものを聞きだします。多少なりとも引きだせたら、「それであれば、当社の情報がお役に立てると思いますよ」とか、「それであれば、当社の情報が必ずお役に立ちますね」と言いながら、**「一度話を聞かれませんか？」** と言えばいいのです。

　ポイントは、「ぜひ話を聞いてください！」というようなお願いをしないことです。
　お願いをすれば、お客様はお願いされたので話を聞くというこ

97

とになります。

そうではなくて、お客様が聞きたいからこちらが話をするという状況をつくるのです。

「なぜ、会っていただけたのですか？」という質問と同じように、「一度話を聞かれませんか？」という質問でお客様の気持ちを引きだすのです。

6 アプローチはアポイントのリプレイ 「感謝と謙虚さ」「あたたかさと優しさ」

この段階は、電話でのアポイントと同じです。基本的には、アポイントで行ったことをくり返すのです。

アポイントでは、確かに電話で話したかもしれません。

しかし、声だけの数分の会話です。お客様は、正確に覚えていないのです。おそらく「どういう内容だったかな？」と、うろ覚えでしょう。

さらに、人間には忘却曲線というものがあります。一日経てば、話した内容の74％を忘れます（エビングハウスの忘却曲線）。ましてや電話の声だけです。

ですから、アプローチでは再度同じ内容を話すのです。

そのときに重要なのは、アポイントと同じように、時間を取ってもらったことへの「感謝と謙虚さ」を表現すること。

そして、「あたたかさと優しさ」「楽しさ」をもって、お客様に接することです。

特に面会の場合は、アポイントとは違い営業マン自身の姿を見

られます。

　メラビアンの法則というのがあります。自分の行動が相手にどのように影響を及ぼすかという法則です。これによりますと、見た目などの視覚情報が55％、話の仕方という聴覚情報が38％です。話の内容そのものは、7％しか影響を与えないのです。
　だからこそ、「感謝と謙虚さ」「あたたかさと優しさ」「楽しさ」を営業マンが表情と声でしっかり表現するのです。
　面会ではお客様の目を見て、理解しているかを確かめながらゆっくりと話すことです。
　特に大事なのは、お客様が営業マンと接しているとき、心地よく感じてもらうことです。そのように表現しているつもりでも、お客様には伝わっていないという場合があります。
　ですから、声を録音したり、表情を録画したりして、自分自身をチェックしてみましょう。

7　お客様との会話は「好意―質問―共感」を忘れずに

　お客様との会話で気をつけるのは何でしょうか。
　それは「好意―質問―共感」のサイクルです。
「好意」はお客様に興味・関心をもつことです。面会する時間を取ってもらったことに感謝をするとともに、お客様を「好きになろう」とすることです。そうすれば、お客様に興味・関心をもって接することができます。

99

これは、自分の商品を買ってくれるお客様という見方ではありません。

　お客様に、人として関わることです。お客様に役立とうとする気持ちです。

　困っている人のために役立ちたいということから、ボランティア活動などが行われます。自分ができることで協力するのはすばらしいことです。同じような気持ちで、営業をとらえるのです。

　好意をもち、役立とうとする気持ちを表現するのです。

　役立とうとする気持ちをもつことができれば、当然、「なぜ、会っていただけたのですか？」という質問も素直に聞くことができます。

「このお客様はどのような方なのだろうか？」「どのようなことを求めているのだろうか？」「何に困っておられるのだろうか？」という気持ちで質問するのです。

　質問は、アポイントと同じで、会話を始めて３秒で行うことです。

　重要なのは、好意をもてば質問が始まるということです。営業に入りやすいために質問を行うということではありません。営業のアプローチとは、まずお客様に好意をもち、知ろうとするための重要な入り口だといえるでしょう。

第4章
アプローチでの決め質問
「なぜ、会っていただけたのですか？」

8 アプローチでの「共感」は姿・声で表現

　好意をもっていれば質問が始まります。質問に答えてもらえば、次に「共感」が必要になります。共感は特に重要です。

　共感とは、返答を「受け入れる」ことです。「認める」「肯定する」ことです。お客様のことを全面的に認めるのです。

　人が一番うれしいのは「自分のことを認めてくれる」ことです。それは、相手の存在そのものを認めることなのです。

　もちろん、お客様の返答のなかには受け入れがたい内容や自分は少し違うなということもあるでしょう。「共感」はそれさえも受け入れる、認めるということなのです。

「共感」の重要性（チャート9）

「共感」はお客様の求めているものを引き出す「魔法の杖」

□「私にもそういう経験がありました」と体験を共有しているか？

□「さすがですね」「すごいですね」とほめているか？

□感嘆の息で相槌を表現しているか？

□「なるほど」「そうですね」と相槌を打っているか？

□とにかくうなずいて、体を使って表現しているか？

101

つまり、「そのように言うことを認める」「一個人としてそのような意見をもつことを認める」ことなのです。

「なるほど」「そうなんですね」と相槌を打ち、しっかりとうなずくのです。

　このときの相槌は声を出すというよりも、感嘆の息ぐらいがいいでしょう。

　あなたは感動をしたときにどのような声を出すでしょうか。おそらく声にならない声でしょう。

　「わぁー！」「えーっ！」という声にならない声で表現をするのです。お客様は自分が認められたことに心の中で喜びます。

　うなずきは体を45度ぐらいまで前に倒してうなずくのです。「人は自分がどれくらい受け入れられているかを判断している」のです。

　しっかりと表現すればするほど、お客様は自分が受け入れられていると感じてもらえます。

　そうなると、お客様はますます話してくれるようになるのです。また、営業マンがお客様の話に共感できると、さらに突っ込んだ質問をすることもでき、お客様と営業マンの壁が取れ、コミュニケーションが円滑になるのです。

9 話を理解するには、「どういうこと？」「たとえば？」「なぜ？」「ということは？」の質問

　お客様の返答がわからないときには、さらに聞きます。それは

お客様の話を理解しようと努める気持ちです。もう少し詳しく聞く、具体的に聞く、なぜそのように言うのかを聞くのです。

それが「(それは)どういうことですか？」「たとえば？」「なぜ？」「ということは？」などの質問です。

特に活用できるのは、「どういうことですか？」「たとえば？」です。私は、この２つを非常によく使います。

営業マンが質問をすると、お客様は答えてくれます。問題は、この返答の内容がよくわからない場合です。

お客様の言葉を頭のなかでイメージします。たとえば、

営業マン「お仕事はどんな状況ですか？」

お客様「まずまずですね」

このお客様の返答ではわかりません。そこで、もう少し具体的な状況を聞くことになります。

営業マン「まずまずというのはどういうことですか？（どういう感じですか？)」

お客様「昨年と同じぐらいですね」

営業マン「昨年と同じぐらいといいますと？」

お客様「まあ、少し利益が出るぐらいですかね」

ここまで聞いてはじめて、「昨年と同じで、少し利益が出るぐらい」ということがわかります。お客様の言葉を具体的に聞かないとわからないのです。このように質問を活用するのです。

そもそもお客様は、質問に対して、頭に浮かんだことを答えて

いるだけで、営業マンにわかりやすくなどと考えて話していない
のです。ましてや説明することに慣れているわけではないのです。

　**営業におけるコミュニケーションとはお客様の頭のなかにある
考えやイメージを聞き、営業マンがお客様のイメージしているこ
とを理解する作業です。**

　つまり質問は営業マンが、お客様のことを深く聞き、お客様の
考えやイメージを受けとるのに非常に効果的な道具であるともい
えるでしょう。

　どこまでも質問は、具体的にするために聞く道具ですので、同
じ言葉でもいいのです。

　私の場合でも「どういうことですか？」「たとえば？」という
言葉を最低４、５回は使います。

　お客様は、営業マンが自分のことを理解しようとしてくれ、そ
のことにより、自分が深く考えることができたことにむしろ喜ば
れるのです。決して不愉快になったりはしません。

　もちろん、答えてもらった場合、ひとつひとつの返答に対して、
しっかりとうなずきながら、共感をするのを忘れないことが大切
です。「共感」で自分の返答が認められていると感じるからこそ、
次の質問に答えてくれるのです。

10 話を切りかえるには、 「ところで」「そういうなかで」

　話のなかで、話題を切りかえることが必要なときがあります。

たとえば、チャート8（95ページ）でいくと、3か所あります。

①自社の説明をし、少しお客様のことを聞く部分

②「なぜ、会っていただけたのですか？」と切りだす部分

③最初の段階が終わり、お客様自身のことを聞く部分

この切りかえのときに使うといいのが、「ところで」という言葉です。非常にうまく切りかえることができます。

ただ、「ところで」という言葉で切りかえるときには、会話にしっかりと共感をしながら、理解をしていると示すことが必要です。そうすると、切りかえても次に話がスムーズに展開していきますが、中途半端な共感をしていると、お客様は目の前の営業マンに対して、「この人は本当にわかってくれているのだろうか？」「単に自分の話がしたいから、空返事をしているのではないか？」という気持ちになるのです。どんなときにも本当の共感が必要なのです。

この話の切りかえのなかで、最も重要なのは最後の③です。

スタートの段階のアプローチが終わり、お客様自身のことを聞く段階に入るからです。

スタートの段階では、お客様の状況を多少なりとも理解でき、自社が役に立つことを伝えました。

次の段階では、お客様のことをさらに理解しようと努めます。目の前のお客様のことを知ろうとすることです。お客様のバックボーンも含めて知ろうとするのです。

お客様のことを知れば知るほど、状況がわかり、自社の商品の

役立て方がわかり、提案力も強くなります。

　ここですぐさま商品の分野についての詳しい説明をしたいと思うでしょうが、まずは、お客様自身のことを聞かせてもらうのです。そのために、話題の切りかえが必要です。

　そこで、先ほどの「それならば当社の情報がお役に立てると思いますよ」「よければ一度話をお聞きいただければと思います」の後に「ところで」の言葉を使い、話を切りかえるのです。それをきっかけに、お客様自身の話を聞くことができます。

　また、話題を切りかえるのではなく、現状から次の展開に入るためには「そういうなかで」という言葉を使うのもいいでしょう。「状況がよくわかりました。そういうなかで……」というかたちで入ればいいのです。

11 「人間関係づくり」の段階はお客様の個人的なことを聞く

　アプローチのスタート段階が終わると、**「人間関係づくりの段階」**に入ります。これは非常に重要な段階です。

　お客様が営業マンの質問に対して真剣に答えるかどうかは、営業マンに対する信頼性がどれぐらいあるかで決まります。

　その信頼を勝ち得るためにどうすればいいでしょうか。それも初回の面会でできる方法があるでしょうか。

　それがアプローチの「人間関係づくりの段階」なのです。

106

第4章
アプローチでの決め質問
「なぜ、会っていただけたのですか？」

　多くの営業マンは、面会でそそくさと商品説明に入ります。
「私どもの商品は、ここの部分が特長です」「お客様の〜に非常
に役立ちます」と、自社の商品の特長や利便性を語ります。
　もちろん、「お客様はどのようなことを求めておられますか？」
「どういうことにお困りですか？」と、お客様の求めていること
や課題を聞くこともするでしょう。
　しかし、それは自社の商品の特長や利便性を引き立たせるため
に聞いているだけです。どこまでいっても、商品ありきの営業に

アプローチの人間関係づくりの段階（チャート10）

②お客様の信頼を勝ち得て、心をオープンにする段階

- □ お客様の個人的なことを聞いているか？
- □ 《会社訪問なら》名刺交換から、会社のことを聞いているか？
- □ 《自宅訪問なら》ご自身や家族のことを聞いているか？
- □ 個人的なことから考え、思い、生き方、考え方を聞いているか？
- □ 純粋な動機をつくり「お役に立ちたい」という気持ちになっているか？
- □ お客様の信頼を勝ち得ているか？
- □ お客様の個人的なことから現状、未来まで聞いているか？

107

なっているのです。

　したがって、説明をしてもお客様の心に届かず、お客様は、他社との比較検討に入るのです。

　この問題点は、どこにあるでしょうか。
　お客様との人間関係です。営業マンがまずは親身にお客様自身のことを聞き、そのうえでお客様の将来の展望やニーズに対して一緒に解決策を考えるという観点の面会でないからです。
　では、お客様との関係をどうすればつくれるのでしょうか？初回の面会から、お客様から信頼を得る方法があるのでしょうか？
　実はお客様との関係を短時間でつくるすばらしい方法があるのです。それが、お客様自身への個人的な質問なのです。

　みなさんにとって、親友とはどのような人でしょうか。
　昔から付きあってきて、お互いのことをわかりあい、なんでも話ができる人のことでしょう。あなたの過去も現在も今後やりたいことも、単なる友人より、よく知っているのです。いい部分も悪い部分も知っているかもしれません。互いの家族のことも知っているでしょう。
　親友とは「嘘をつけない、本音で話してしまう間柄」なのです。

　では、はじめて出会った営業マンがお客様の親友と同じような感覚になることは可能でしょうか。
　それが、できるのです。

108

第4章
アプローチでの決め質問
「なぜ、会っていただけたのですか？」

効果抜群！　アプローチの人間関係づくり・トークスクリプト
（チャート11）

②お客様の信頼を勝ち得て、心をオープンにする段階

・（名刺交換）お名前はどのように読むのですか？
・お名前には何か由来があるのですか？
（名刺交換がない場合は直接聞く）

↓

（会社経営者の場合）
・いつ、経営者となったのですか？
・なぜ、経営者になったのですか？
・その動機をなぜもつようになったのですか？
（会社員の場合）
・会社に入って何年ですか？
・なぜ、この会社に入ったのですか？
・なぜ、この仕事についたのですか？
・なぜ、そのような動機をもったのですか？

（個人宅への訪問の場合）
・何人でお住まいですか？
・ご家族の人数は？
・お子さんはおいくつですか？
・お子さんの教育に対して気をつけていることは？

（随分、いろんな経験をされているんだな）
（一生懸命やってこられているんだな）
（いい人だな）
（こんなにやってきているというのはすごいな）

↓

どのような思い・考えをもっておられるのですか？

↓

（私にできることでお役に立ちたい）
（この私に何ができるだろうか？）

会社（現状）
・現在の業績はどんな感じですか？
・会社はどんな状況ですか？
・業界の状況はどんな感じですか？
・いま現在、会社が取り組んでいることは何ですか？

個人（現状）
・現在のご自身はどんな状況ですか？
・現在ご家族はどんな状況ですか？
・ご自身の仕事の状況はどんな感じですか？
・いま取り組んでいることは何かおありですか？

↓

（未来）今後どのようにしたいですか？
このようになってくれたら、ということはありますか？

↓

「そういうなかで」私どもの分野についてはどのように感じられていますか？

109

お客様の親友が知っているぐらい、お客様の過去・現在・未来を知ろうとすることです。それを質問で行うのです。
「お客様自身はどのような人なのか？」「どのような現状なのか？」「どのようなことを考えているのか？」を知ろうとするのです。
　これができれば、営業マンはお客様に対して、誰よりも知っている親友のように感じるのです。お客様も営業マンを親友のように感じるでしょう。ただし、コツが必要です。

12 お客様の個人的なことをどのように質問するか？

　では、お客様の個人的なことをどのように質問すればいいのでしょうか？
　名刺交換した場合は、まず名刺の情報から入ります。
「このお名前はどのように読むのですか？」 と、名前の読み方などから質問しましょう。また珍しい名前などは、**「このお名前には何か由来があるのですか？」** と、由来や出身を質問しましょう。
　そして、会社の内容、歴史などを質問すればいいのです。
　そういった質問から、個人的なことに入っていける効果的な質問があります。
　経営者なら、**「いつ独立したのですか？」「いつ経営者になったのですか？」** という質問です。
　さらに、**「なぜ独立したのですか？」「なぜ経営者になったのですか？」** ということを聞くと動機や気持ちを話してもらえます。

110

そこから、「**そのような動機を、なぜ持つようになったのですか？**」「**なぜ、経営者になろうと思ったのですか？**」という質問で、子ども時代の経験にまでさかのぼって聞くことができるのです。

また、会社員の場合は「**この会社に入って何年ですか？**」「**なぜ、この会社に入ったのですか？**」「**なぜ、この仕事についたのですか？**」「**なぜ、そのような動機をもったのですか？**」という質問から、同じように個人的な経験や歴史を聞かせてもらえるのです。

個人の家などへの訪問なら、「**何人でお住まいですか？**」「**ご家族の人数は？**」「**お子さんはおいくつですか？**」などから個人的なことに入っていけます。

あくまでもその人自身に興味をもつことです。それは目の前のお客様の役に立ちたいという動機からの質問です。

当然、営業マンがお客様のことを聞いて共感すると、話が盛りあがり、お客様はますます話してくれるようになるのです。

13 個人的なことから聞きたい
考え、思い、生き方、考え方

お客様の信頼を得るためには、個人的な生き方、考え方を聞くことはきわめて重要です。もちろん、扱う商品や内容によっては、聞きにくいものもあるかもしれません。

しかし、話題の切り口次第で、どのようなものでも個人的な話に入ることができるのです。

私が指導した会社で薬品を扱っている会社がありました。営業マンは薬局をまわり、自社の薬品の取り扱いを推進する営業を行っていました。

　そのなかのひとりの営業マンは、いままでは他社との比較や優位性を訴えて営業していましたが、私の質問型営業の指導を受けて、薬局のオーナーと個人的な話をするようになりました。その営業マンは「どのようなことを基準に薬品選びをしているのですか？」と聞いて回りました。

　そうすると、ある薬局のオーナーから意外なことを聞けたのです。

　それは単にいままでの取引関係や価格ということではなく「地域の患者様に役立つことを基本に薬品選びをしている」とのことでした。ここにオーナーの生き方、考え方がありました。

　彼はそれを聞いて、「そのようなすばらしい生き方、考え方をもっているオーナーに役立ちたい」と思い、「それならば、自社の今回の新しい薬品はお役に立つと思いますよ」と純粋にすすめたのです。

　すると、急激に採用してもらえることが増えだしたのです。結果としては、３か月で売り上げが３倍になったという報告を受けました。

　このように個人的なことを聞かせてもらい、共感し、ほめ、尊敬できるようになるというのは、単なる営業マンという位置づけを超え、お客様と純粋に人間同士としてつながるすばらしい方法なのです。

第4章
アプローチでの決め質問
「なぜ、会っていただけたのですか？」

　それは、営業マンとお客様から、個人的なつながりへと変わり、心からの提案ができるようになる方法なのです。

14 純粋な動機をつくり「お役に立ちたい！」という気持ちになる

　このように、**個人的なことを聞かせてもらうこと**は、単に営業に行っているのか、それとも人間的に応援したいと思って行っているかの差になります。営業マンには売上が頭にあることは当然ですが、そこから脱して、**「本当に役に立つための営業を行う秘訣」**でもあるのです。

　お客様の個人的なことを聞かせてもらうと、「随分いろいろな経験をされているのだなぁ」「一生懸命やってこられているんだなぁ」という気持ちになり、「いい人だなぁ」と思えるようになるのです。

　そうすると、「私ができることでお役に立ちたいな」「この私に何ができるだろうか」という気持ちが湧いてきます。このような気持ちを「純粋な動機」といいます。

　この純粋な動機を湧きださせることこそ、営業における秘訣中の秘訣なのです。この気持ちになったときに人は、素直に役に立ちたいと思うのです。

　そのときに営業マンは、「私は役立つためにこの仕事をしているのだ！」「この仕事をとおして人々に貢献しているのだ！」という気持ちになり、営業は仕事、という感覚ではなく、「貢献」

113

の喜びとなるのです。

　それはボランティアなどに感じる気持ちと同じです。「何かできることがあればやってあげたい」「私ができることで手助けしたい」という気持ちなのです。

　もちろん、その感覚で営業マンが質問すると、お客様はまるで導かれるように、自分のことを話しだします。まさに、親友と会っていろいろと話をしている感覚なのです。

「聞く」ことのメリット（チャート12）

お客様の対応

- □お客様がいろいろと話してくれるようになっているか？
- □お客様が笑顔で接して、心を開いてくれるようになっているか？
- □お客様の状況やニーズ・欲求がよくわかるようになっているか？
- □何を考えているかもよくわかるようになっているか？
- □どのような活動をしているか、何が問題かよくわかるようになっているか？
- □お客様から「ここだけの話」「あまり人には言わないのだが」などという言葉が出ているか？
- □営業の私のことを信用してくれるようになっているか？

営業マンの対応

- □何を提案すればいいかがよくわかるようになっているか？
- □一緒に考え、アドバイザー的な役割になっているか？

114

第4章
アプローチでの決め質問
「なぜ、会っていただけたのですか？」

15 お客様の信頼を勝ち得る

　営業マンが「いい人だなぁ」「この人のお役に立ちたいなぁ」と思ったとき、お客様はどのような心理状態でしょうか。

　実は、お客様は営業マンを信頼しはじめているのです。営業マンがこのように感じたということは、言葉を変えると営業マンはお客様の話から「このように感じさせられた」のです。

　これはとりもなおさず、お客様がはじめて会った営業マンを信頼し、自分のことを心を開いて話したということです。

　この信頼こそが、お客様との人間関係をつくるポイントです。お客様は気を許し、自分の気持ちまで話します。それは吐露するという感覚なのです。**信頼したからこそ、すべて本音で話しだすのです。**

「いままで誰にも言わなかったんだけどね」とか、「ここだけの話なんだけどね」などと言って、自分のことを話した経験があなたにもあるでしょう。お客様がこのようなことを言ったときに、営業マンはお客様から面会で信頼を得ることができたのです。

　この関係をお客様とつくるには、営業マンはお客様に真摯に質問し、自分のことのように話を真剣に受けとめる必要があります。共感し、認め、尊敬の念さえも感じる聞き方をする必要があるのです。そのときにお客様は完全に信頼し、オープンになります。

　私は以前営業を教えてくれた先生に「会って数十分でお客様が感激し、『あなたと会えてうれしい』と抱きつかれる営業マンに

115

なれ！」と教えられました。それが一流の営業マンだとも言われました。それはいまでも私の営業における指針になっています。

　このような関係をつくることこそ、「人間関係をつくる段階」のアプローチの目的です。

　この状態になってはじめて、お客様は自分自身のことを語りはじめ、自分の欲求やニーズ、課題についても本気で考えるようになるのです。

16 お客様の個人的なことから現状、未来へ

　アプローチの最終段階に入る前に、もうひとつ聞いておきたいことがあります。お客様の現在や未来のことです。

　会社であれば、現在の業績や会社の様子、会社が現在取り組んでいる事業、業界の状況などを聞いていきます。そこから、今後めざしていることや方向性などを聞くことができます。

　個人であれば、現在のご自身や家族の状況、仕事の状況や取り組んでいることなどです。ここからもお客様の今後めざしていることや方向性を聞くことができるでしょう。

　お客様は過去からの状況を話すことによって、自分自身の仕事や人生をしっかりと見直すことになります。

　質問を受けると、いつも以上にはっきりと現実を見つめることになるのです。よい部分は自分でしっかり評価でき、よくない部分もしっかりと見つめることができます。

　現状についてお客様自身が話すことで、ますます自覚するので

第4章
アプローチでの決め質問
「なぜ、会っていただけたのですか？」

す。それらをしっかり語ると、未来の話にも自然につながっていきます。めざしたいことや求めていることは、より強くなり、課題も強く意識づけられるのです。

自分自身の気持ちも含めて、印象深く語ることになるでしょう。**より本音に近づいたかたちで語られるようになるのです。**

お客様の現状や未来を聞いている営業マンは、深く共感をするでしょう。いままで以上に大きくうなずき、相槌を打てる状態にもなるでしょう。

自然に営業マンの心には「お役に立ちたい！」という純粋な動機が湧いてきます。お客様も自分の話を熱心に聞いてくれる営業マンに対して、信頼をよせるようになります。

心理学上ではこの状態を**ラポール**といい、お互いのなかに垣根がなくなり、何でも話し合える状況になっているのです。このときに、アプローチの「最終段階」に入る態勢が整ったことになります。

17 お客様の求めているものと営業マンが提案したい分野の関連づけを行う

いよいよアプローチの**最終段階**です。

この段階の目的は、**お客様に自分自身の求めているものについて真剣に考えてもらい、その達成手段として営業マンが提案する商品を必要と感じてもらうことです。**

人間関係をつくる段階で、お互いに信頼できる状況になったと

きに、あなたは**「そういうなかで」**という言葉とともに、お客様の求めているものを実現するうえで、自分が提供する分野がどのように役立つかを質問によってつなげます。

　たとえば、私が過去に扱っていたのは企業教育という分野でした。当時の私がお客様と話すと、次のようになりました。

お客様「将来は○○のようにしたいんだ」
私「なるほど、それはすばらしいですね。では、そういうなかで、その実現においての教育についてはどのように考えられますか？」
お客様「それはやはり重要な分野だね」
私「なぜ、そのように思われるのですか？」
お客様「やはり『企業は人なり』というように、人が育っていないと企業は力を発揮できないからね」
私「なるほど、そうですね」

　このようにお客様の求めているものと営業マンが提案したい分野の関連づけを質問によってお客様に行ってもらうのです。

　これを営業マンが関連づけしてしまうと、どうも誘導されたように思われてしまいます。

お客様「将来は○○のようにしたいんだ」
営業マン「なるほど、それはすばらしいですね。では、その実現

118

において教育は重要な分野ではないですか？」

お客様「それはそうだね」

営業マン「やはり『企業は人なり』というように人が育っていな
　　　　　いと、企業は力を発揮できないですからね」

お客様「なるほど、そうだね」

アプローチの最終段階（チャート13）

③お客様が求めているものについて真剣に考え、
　その達成手段についても考えてもらう段階

お客様に寄り添い、課題を引きだし、
一緒にその解決法を考える（アプローチ即決クロージング）

□営業マンが関連づけを行うのでなく、お客様に質問して関連づけを行ってもらっているか？

□あらためて現状を聞いているか？

□お客様の現状を具体的に聞いているか？

□お客様のイメージを受けとっているか？

□現状から不足部分や不満、欲求を聞いているか？

□その欲求のイメージを聞いているか？

□現状と欲求から課題を引きだしたか？

□課題で最も重要なものを聞いたか？

□課題への解決策の取り組みについて聞いたか？

□欲求の再確認はしたか？

□方法への欲求の再確認はしたか？

□望まれて提案しているか？

営業マンが自分の提供する分野が重要だと安易に言ってしまうのでなく、意識的にお客様に言ってもらうのです。お客様がみずから口にし、自覚することで、この後がスムーズに進みます。

　これがアプローチの最終段階における重要なポイントともいえるでしょう。

18 関連づけができれば、あらためて提案したい分野の「現状」を聞く

　営業マンが提案したい分野の関連づけができれば、その分野の**「現状」**から順に質問します。現状を聞くことはアプローチのスタート段階で行いましたが、ここでも再度行うのです。

　お客様との人間関係ができ、お客様が営業マンを信頼している状況では、**現状についての見方**が全然違うからです。

「先ほどもお伺いしましたが、あらためてこの分野の状況はどのように感じられますか？」

　このような質問ではじめればいいでしょう。お客様に話してもらえれば、「それは具体的にはどのようなことですか？」「たとえば？」と、さらに質問をすればいいのです。返答が具体的になればなるほど、お客様はその現状をしっかりと見つめます。

　この質問のポイントは、お客様の現状を**「イメージ」**でしっかりと受けとることです。

　お客様は現状を話しているとき、頭のなかでそれをイメージしています。話すときには、そのイメージを言葉で表現しているの

効果抜群！　アプローチの最終段階・トークスクリプト（チャート14）

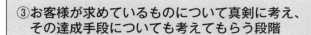
③お客様が求めているものについて真剣に考え、その達成手段についても考えてもらう段階

| ①お客様の求めているものと営業が提案したい分野の関連づけ | ② 現状 | ③ 欲求 | ④ 解決策 | ⑤ 欲求の再確認 | ⑥ 提案 |

①の流れ：
- 将来は○○のようにしたいんだ。
- ↓
- なるほど、それはすばらしいですね。では**そういうなかで**、その実現においての○○の分野についてはどのようにお考えですか？
- ↓
- それはやはり重要だね。
- ↓
- なぜ、そのように思われるのですか？
- ↓
- やはり○○の分野は、企業では○○だからね。

②〜④の流れ：
- （現状）先ほどもお伺いしましたが、現状と未来を見据えたうえでは、この分野の状況はどのように感じられますか？
- （具体的）具体的にはどのようなことですか？たとえば？
- （イメージ）○○ということですが、具体的にはどのようになっていますか？○○の部分はどのようになっていますか？
- （欲求－現状の不足・不満）現在の状況からどのようにしたいですか？「このようになったらいいな」と思うことがありますか？
- （イメージ）もし、そのようなことが実現すると、今後はどのようになるでしょうか？今後のどのような姿がイメージできますか？

⑤〜⑥の流れ：
- （課題）現状からそれらの欲求を達成するための課題は何ですか？
- （課題）特にそのなかで最も重要な課題は何ですか？
- （解決策）その課題を解決するためにいままでどのようなことを行ってきましたか？（行っていけばいいでしょうか？）その行動で解決へと進んでいけたでしょうか？（進んでいけますか？）
- （欲求の再確認）何とかしたいですね。そういう方法があればいいと思いませんか？
- （提案）それができるのです！　それが解決します！　いいものがあります！

です。

　お客様は話のプロではありませんので、その表現には不十分なところがあります。営業マンのあなたに伝わっていないことも多いのです。あなたもお客様の言葉をイメージとして受け取りながら、わからないところは「～ということですが、具体的にはどのようになっていますか？」「～の部分は、たとえば、どんな感じですか？」と聞けばいいのです。

　このような会話のやり取りをとおして、お客様とあなたが、同じイメージをしっかりと描けるようになるのです。 このようになってはじめて提案したい分野を考えるようになるのです。
　現状を知ることにたっぷりと時間をかけてください。
　現状をしっかりと見つめれば見つめるほど、不足部分や不満、欲求がはっきりし、次からの段階に入りやすくなります。現状をどれだけ聞けるかが一番のポイントです。

19 現状を見つめるからこそ「欲求」を聞く

　営業マンが提案したい分野でお客様の現状がはっきり見えるほど、お客様の現状に対する不足部分や、満足しきれない不満も見えてきます。これが**「欲求」**なのです。
　人間の欲求というのは限りないものです。それが不足や不満であり、「○○したい」「○○になったらな」という欲求になるのです。ここでは、

「お客様、現在の状況から、どのようにしたいですか？」

「『このようになったらいいな』と思うことがありますか？」

と質問すればいいのです。お客様は欲求を言葉にすることによって、あらためて自覚するのです。

「もし、それが実現すると、今後はどのようになるのでしょうか？」

「それによって、今後のどのような姿がイメージできますか？」

質問でさらにイメージを展開してもらってもいいでしょう。イメージを膨らませて、未来に対する欲求を高めるのです。お客様自身の言葉でみずから話してもらえば、ますます欲求は高まるでしょう。

20 現状と欲求を見つめてもらい「課題」を引きだす

現状を見つめ、求めているものを引きだすことができたら、次は欲求を実現するための「課題」を考えてもらいます。ここは、スタートの段階にはなかった部分です。

ここまで、現実と求めているものに焦点を絞ってきました。現実と未来のギャップも見てきました。このギャップを埋めるものが**「課題」**なのです。

「では、現状からそれらの欲求を達成するための課題は何ですか？」と質問します。

この課題について、いままでも取り組んでいたかもしれません。

はじめて明確にしたかもしれません。

　どちらにしろ、課題を明確にして、解決に踏みこむと、望む未来を現実に引き寄せることができるのです。これは非常にワクワクするものです。

　同時に、課題をはっきりさせると多少なりともプレッシャーを感じます。それに向かって動かないといけなくなるからです。不明確な間は、課題がわからないからという言い訳で、動かなくてもよかったからです。

　いろいろな課題があるかもしれませんが、ここでは一番重要な課題だけに絞りこみます。それを言葉にして表現してもらうのです。

「特に、そのなかで最も重要な課題は何でしょうか？」

　課題が明確になり、解決に乗りだせば、エネルギーは大きくなってくるのです。

21 「課題」の解決に取り組んだかを質問する

「その課題を解決するために、いままでどのようなことを行ってきましたか？」

　いままでこの課題に対して取り組んできたことがあるのなら、このように言えばいいでしょう。そして、次のように続けるのです。

「その行動で解決へと進めたのでしょうか？」

　現在も課題として挙がっているのなら、おそらく解決に向かっ

124

て進んでいないのでしょう。だからこそ、課題として挙げたのです。それをお客様の口で言ってもらうのです。

現実的に動きだすには、この状況を認めることが必要だからです。認めたときには動くのです。

ただ、ここでも優しくやわらかく言うことを忘れないようにしてあげてください。

また、今回はじめてこの課題を明確にしたというお客様に対しては、次のように言います。

「その課題を解決するためには、どのようなことを行えばいいでしょうか？」

お客様のほうで、答えていただく場合もあるでしょう。その場合は、「なるほど」などとしっかり共感をして、**「その行動で解決へと進めますか？」** と聞きます。これも優しく言うことを心がけてください。

どのような解決策にしろ、解決への行動を起こすことの重要性を自覚してもらうのです。

つまり、**欲求・ニーズの実現に向かっての課題とその解決のための行動への欲求を強めてもらうのです。**

22 いままでのことを振り返り、「欲求の再確認」を行い、欲求を自覚させる

ここまで現状・欲求・課題・解決策と順にお客様に考えてもらいました。ここで、いままでのことを振り返ることで**「欲求の再**

確認」をしてもらいます。そのときの質問が、次のものです。

「それらの達成に向けて、何とかしたいですよね？」
「そういう方法があればいいと思いませんか？」

　最初の質問で、現状・欲求・課題へのお客様の気持ちを確かめます。
　次の質問は解決策へのお客様の気持ちを確かめます。これらの質問で、いまのお客様の気持ちを再確認してもらうのです。
　ここでの返事をしっかりもらうことにより、本当の意味で改革に踏み出せるのです。
　もし、返事があいまいであれば、**「何か、あるのですか？」**と聞いてあげればいいのです。多分返答は、「本当にそんなものがあるのかと思いましてね」とか、「いままでもやってきましたが、なかなかうまくいかなかったものですからね」というものでしょう。
　そのときには**「もし、それが本当にできるならばどうですか？」**と聞けばいいのです。「それができればいいですね」と言われます。お客様は確信を持ちたいだけなのです。

23 ここではじめて「提案」をする

　再確認を経て、はじめて**「提案」**をするのです。お客様自身が求めているものの実現に向かって進みたいという意思表明をする

からこそ、提案ができるのです。

これで営業マンが「お役立ち」の状況をつくりだすことができます。

お客様が望むからこその提案であり、望まないことを提案しても意味がないのです。お客様が望む場合はアドバイザーがコンサルタントというポジションで提案できますが、望まない場合は単なる物売りに成り下がってしまうのです。

このような流れで提案をすることで、お客様は自分自身が「なぜそれを必要としているか？」「どのようなものを採用すればいいのか？」を明確にして、自分のために役立てる検討をすることになるのです。

提案は「それができるのです！」「それが解決します！」「いいものがあります！」という簡単な短い言葉でまとめるといいでしょう。

欲求が大きくなっているときに余計な言葉はいらないのです。大事なことはそれが叶うこと、できること、解決することを先に端的に言ってあげるのです。

そのうえで、**「なぜならば」**という言葉とともに、理由を簡単にまとめるのです。

その後、具体的な話を聞いてみたいか尋ねたうえで、プレゼンテーションに入るのです。

もし、ここまで話しても、話を聞いてみることに躊躇するようでしたら、理由を聞いて、そのことを解決してあげればいいでしょう。それについては、次章の「反論と逃げ口上への対処法」が役

立ちます。

24 お客様に寄り添い、思いを引きだし、一緒に解決法を考える

　このように見てみますと、アプローチとはお客様に現状と求めているものを見直してもらい、そのうえで、提案したい分野の商品についての必要性を感じてもらうための時間だといえます。

　お客様はあわただしい時間のなかで、立ちどまって自分自身のことをゆっくりと考えることがなかなかできません。

　情報過多のこの時代に、その多さに惑わされてそれが本当に自分にとって必要なのかどうかも考えずに、解決手法や方法ばかりに目を奪われてしまっているのです。

　これからの営業マンは、そんなお客様の状況や気持ちを理解して、本当の意味でお客様のよきアドバイザーやコンサルタントになる必要があります。

　そのためには、まず、お客様の気持ちを理解することです。お**客様に「寄り添い、思いを引きだし、一緒にその解決法を考えること」**なのです。

　そういう意味では、当初はカウンセラーとして接することも必要です。

　このように見てみますと、これからの時代の営業という職業の大切さが見えてきます。

　営業とは、あくまでもお客様の状況に応じて、カウンセラー、

第4章
アプローチでの決め質問
「なぜ、会っていただけたのですか？」

アドバイザー、コンサルタントという役割をこなし、真のお役立ちに徹する職業だといえるでしょう。**営業ほど重要な役割を担うものはないのです。**

　だからこそ、これからの時代にその役割を果たす営業マンは重宝され、物売りから脱却しない営業マンは道を閉ざされることになるのです。

25 最終的には「アプローチ即決クロージング」

　ここまでお伝えしてきたように、アプローチでは、営業マンはお客様との人間関係を短時間につくり、考えてきたことを洗いざらい話してもらうことができます。

　お客様は自分の思いや考えを引きだされ、自分自身でもびっくりすることがあるでしょう。

　お客様はそのようなことを引きだしてくれた営業マンに感謝さえするでしょう。名医が患者さんを気遣い、気持ちを察したうえでヒアリングを行い、病気を発見し、対処法を施すのと同じなのです。

　お客様は営業マンの提案することを全面的に受け入れます。そこまで導いてくれた営業マンを尊敬さえするのです。

　このような状況になったときには、すでにお客様は営業マンがどのような提案をしようと採用することを心でひそかに決めるのです。

　このような状況を**「アプローチ即決クロージング」**といいます。

129

営業マンがすばらしい営業力を発揮したのではなく、営業マンがお客様の信頼を勝ち得て、営業の真の役割を果たすのです。

　このアプローチが実現されれば、後のプレゼンテーションは採用する商品の確認だけになるのです。

　アプローチをすばらしいものにするために、チャートをよく見直して、あなたの営業における問題点を解決してください。そうすれば、営業の大方の問題は霧が晴れるように消えていくでしょう。これからの章さえも読む必要がなくなるかもしれないのです。

第5章

**反論処理での決めゼリフ
「実は、そういう方にこそ
お役に立つのです」**

断り文句の対処法の３段階（チャート15）

> 断り文句は３つだけ
> （時間がない・お金がない・メリットが感じられない）

> アポイント時（電話・飛び込み）に面会が取れない

> アプローチ時にあらためて商品説明などの時間を割いてくれない

> クロージング時に採用までに至らない

第１段階	第２段階	第３段階

> 断り文句がどのようなものかを判断する

> 断り文句を言う感情を受けとめる

□共感しているか？

□質問「たとえば？」を使っているか？

□共感しているか？

□ほめ言葉を使っているか？

□質問「たとえば？」を使っているか？

□共感しているか？

□ほめ言葉を使っているか？

□価値を伝える「実はそういう方にこそ」と言っているか？

第5章
反論処理での決めゼリフ
「実は、そういう方にこそお役に立つのです」

効果抜群！ 断り文句の対処法・トークスクリプト（チャート16）

第1段階

（時間がない）取り組んでいることがある。
（お金がない）いろいろと投資しなければいけないことがある。
（メリットを感じられない）いろいろとやらないといけないことがある。

↓

共感（時間がない）いろいろとやらないといけないことがあるでしょうからね。
（お金がない）いろいろと投資しなければいけないことがあるでしょうからね。
（メリットを感じられない）いろいろとやらないといけないことがあるでしょうからね。

↓

質問（具体的）たとえば？
具体的にはどのようなことですか？

第2段階

共感　なるほどそういうことですね。

ほめ言葉　そのことに取り組んでおられるのは立派なことですよね。

↓

質問（具体的）たとえば？
具体的にはどのようなものですか？

↓

（時間がない）取り組んでいることがある。
（お金がない）教育費がかかってね。
（メリットを感じられない）現在は新しい機械を検討中。

第3段階

共感　なるほどそういうことですね。

ほめ言葉　そのようなことにしっかり取り組んでおられることはすばらしいですね。

↓

実はそういう方にこそ、聞いていただくとお役に立つ話があるんです。
実はそういう方にこそ、喜んでいただける話があるのです。

↓

このように言ってくれるというのは、相当内容がいいかもしれない。

いいのはわかるのだけど、いまはタイミングが悪い。

↓

アプローチへ

返答のレベルで今後のアプローチへ

133

1 「断り文句」は言い訳。
内容は「時間」「お金」「メリット」の３つだけ

「**断り文句**」というのは、営業にはつきものです。

　これはお客様が言う**採用できない理由**や商品説明を聞いても無駄であるという**言い訳**です。

　私たちの生活のなかで、余っているお金や時間はないのです。新しい商品を購入・採用するためには、新たな費用と時間が必要になってきます。お客様自身が商品を購入・採用しようと思わないかぎり、そのための費用や時間は用意しないのです。

　ということで、営業マンからアプローチされたときに出てくるのが**断り文句という言い訳**です。

「断り文句」という言い訳は、どのようなものでしょうか？

　これは基本的に３つしかありません。

　①**時間がない**　取り組む時間がない。話を聞く時間がない。
　②**お金がない**　採用するお金がない。余裕のお金などない。
　③**メリットが感じられない**　価値を感じない。採用しても得しない、よくならない。採用しても無駄になる。

　最終的には、採用のメリットを感じれば、お金は出すでしょうし、時間も割くでしょう。本来は③の「メリットが感じられない」が断り文句のすべての原因です。

　したがって、メリット、価値を感じてもらえれば、言い訳はなくなります。

断り文句の本質を知って、対処法を考えれば、難なくクリアできるのです。逆に断り文句の本質と対処法を知らなければ、無駄な時間とエネルギーを割くことになります。

もちろん、すべてが対処できるわけではありません。本当にお金がない、時間がない、いまやっていることがあるなどの場合は、仕方ありません。

ということは、断り文句の対処法によって、本質的な理由かどうかも見分けることができるのです。

2 「断り文句」はアポイント、アプローチ、クロージングで使われる

お客様は、断り文句をどのタイミングで言うのでしょうか？

① アポイント　電話や飛び込みをしたときです。断り文句が最も多いのはこのときです。知らない人から突然、電話がかかってきたり、訪問されたりしたら、誰でも断ります。
② アプローチ　面会のなかで多少なりとも欲求やニーズが引きだされたとしても、あらためて商品説明などを聞く時間を割こうと思わない場合に言われます。
③ クロージング　商品説明などを聞いて、いいとは思うものの、メリットを感じるところまでいかず、購入・採用にまで至らない場合に言われます。

つまり、このように、アプローチを取る、プレゼンテーション

を聞く、商品を採用するなど、お客様が次への段階に移る場合に言われるのです。

では、なぜ言われるのでしょうか?

商品に対して価値を感じられないからです。ということは、**商品の価値を感じてもらうことが正しい対処法のあり方なのです。**

そのためには、断り文句をお客様がどれくらいのレベルで言っているのかを見極めなくてはなりません。そのうえで、対応を考えればいいのです。

3 第1段階は、共感＋質問「たとえば?」

では、よくある断り文句にはどうすればいいのでしょうか?

お客様に価値を感じてもらう前に、その断り文句がどのようなものかを判断しなくてはなりません。そのためには、しっかりと聞きとることです。感情のレベルや内容までしっかりと聞きとるのです。

スタートは、断り文句を言う感情を受けとめることです。それが「共感」です。「誰もが余計な時間やお金はないですからね。そのように言われるのは当然です」と、その感情を受けとめるのです。それぞれの断り文句には、具体的な共感をします。

①時間がない→「いろいろとやらないといけないことがあるでしょうからね」

②お金がない→「いろいろ投資をしなければいけないことがあ

るでしょうからね」

③メリットを感じられない→「いろいろとやらないといけない
　ことがあるでしょうからね」「いろいろと取り組んでおられ
　るでしょうからね」

　このようにお客様の状況や気持ちを察して、ねぎらいや理解を
示す言葉で共感するのです。
　そのうえで、どのようなことで忙しいのか、どこに費用を使っ
ているのか、何に取り組んでいるのかを質問するのです。**「たと
えば？」「具体的には、どのようなことですか？」**と質問をする
のです。

4 第２段階は、共感＋ほめ言葉＋質問「たとえば？」

　お客様の断り文句に対して、第１段階で営業マンが共感し、具
体的に質問すると、お客様はその内容を言われるでしょう。
　たとえば、「取り組んでいることがあって、それに費用がかかっ
てね」「子どもの教育費用でお金がかかってね」「新しい仕事を立
ち上げたんだ」など理由を言います。
　そのときにあなたは、**「なるほど、そういうことですね」**と共
感し、さらに**「そのことに取り組んでおられるのは立派なことで
すよね」**としっかりと承認し、ほめることです。
　ほめ言葉としては、「立派である」「すばらしい」「さすがです」
「勉強になる」などがいいでしょう。

137

そのうえで、「たとえば、どのような？」「具体的には、どういうもの？」と、さらに突っ込んで具体的にする質問をすればいいのです。

お客様は決して切りかえされることなく、認めて具体的に聞いてくれる営業マンに対して、好意をもってくれ、さらにその内容を言ってくれるでしょう。

5 第3段階は、共感＋ほめ言葉＋「実は、そういう方にこそ」

お客様は、第2段階での質問でさらに内容を具体的に言ってくれるはずです。

第3段階では、そのときに、第2段階と同じようにしっかりと**「そういうことなんですね」**と共感し、**「そういうことにしっかりと取り組んでおられるのは、さすがですね」**と承認し、ほめるのです。

第1段階からの2回の質問で、断り文句の内容が非常によくわかりました。今度は**「実はそういう方にこそ、聞いていただくとお役に立つ話があるのです」**とか**「実はそういう方にこそ、喜んでいただける話があるのです」**と続けるのです。

これには、どのような意味があるのでしょうか？

そもそも営業マンが提案する商品と内容に、お客様が価値を感じないと、話を聞いてもらえないのです。

大事なことは、その価値をどのように伝えるかです。価値を伝

えようとして、商品の内容を説明しても、売りこみとしか受けとってもらえません。

　２回も共感し、質問をし、お客様のことを理解したうえで、「実はそういう方にこそ」と言って価値を伝えるのです。

　つまり、お客様の断り文句を具体的に聞いてもなお、提案してくるというのは「相当内容がいいのだな」と思ってもらえるのです。

　しっかり共感して、質問すればするほど、対処法は効果が出てきます。

6 「断り文句」は恐れることはない。むしろお客様のレベルを知るのに最適

　あなたの商品に興味をもち、素直に聞いてくれる人は重要性や必要性をわかっている人です。このような人だけに限定して営業をしていると、わずかなお客様にしか会うことができないのです。

　ですから、断り文句を言っている人にもアプローチします。

　もし、断り文句の対処を行い、話を聞いてくれるようなことがあれば、むしろ購入・採用への大きな入り口になるでしょう。

　その断りの理由を切りかえせたときに、お客様になるのです。

　このように考えてみますと、「断り文句」とは、ほとんどのお客様が口にするものであり（営業マンのあなたがお客様になった場合にも、断り文句を使うことがあるでしょう）、この対処法によって、潜在的なお客様を探せるのです。

お客様から断り文句を言われたときに、当たり前のようにこの対処ができなければ効果がありません。そのためにくり返し練習をする必要があります。

　このパターンを完全に暗記して、自然に口から出てくるようにしてください。そうすれば、今後、永遠に断り文句にたじろぐことはなくなるでしょう。

　また、営業だけでなく、社内の上司部下の関係、友人関係、家族関係などのコミュニケーションのあらゆるところで使え、いろいろな人間関係が楽に豊かになるでしょう。

第6章

プレゼンテーションでの決め質問
「なぜ、今回、商品の話を聞いて
みようと思われましたか？」

プレゼンテーションの３段階（チャート17）

①お客様自身のために聞いてもらう姿勢をつくる　→　②再度、欲求・ニーズを高める　→　③課題解決で感動のプレゼンテーション

■「物売り」から「アドバイザー」「コンサルタント」へ

□役に立つために「聞こうと思った理由」を質問しているか？

□現状・欲求・課題・解決策・欲求再確認を思い出させているか？（アプローチから続けての場合）全体的に（数日後）ひとつずつ

□役に立つことの確認をして提案しているか？

□なぜ役立つかを口頭で言っているか？（映画の予告編のように）

□お客様の課題解決に向かって的確に商品説明しているか？

□ひとつのことを話したら、感想を聞き、自分の現状と合致させてもらっているか？

1 プレゼンテーションの秘訣は すぐに商品説明をしないこと

　いよいよ商品説明というプレゼンテーションです。プレゼンテーションは、アプローチの段階から続けて行う場合もありますし、あらためて別の日を設定して行う場合もあります。

　どちらにしろ、**ポイントは「なぜ、今回、商品の話を聞いてみ**

第6章
プレゼンテーションでの決め質問
「なぜ、今回、商品の話を聞いてみようと思われましたか?」

効果抜群! プレゼンテーション・トークスクリプト(チャート18)

①お客様自身のために聞いてもらう姿勢をつくる → ②再度、欲求・ニーズを高める → ③課題解決で感動のプレゼンテーション

①
- なぜ、今回、商品の話を聞いてみようと思われましたか?
- 君が「話を聞いてくれ」と言ったからだよ。
- ありがとうございます。私もそのようなことを言いました。ただ、本当に必要なければ、このような時間は取っていただけなかったと思います。
- それはそうだけどね。
- それに、せっかくのお時間ですから、お客様によりお役に立つ話をしたいと思いますので、どんなことでも結構ですから、お時間をいただけた理由をよろしければ聞かせてもらえませんか?
- そうだね。実は…

②
- (アプローチ即プレゼンの場合)以上の内容だったと思うのですが、何かご感想や、感じられることはありますか?
- (数日後にプレゼンの場合)前回のお話は覚えておられますか? まず、現状ですが、○○だとお聞きしましたが、これに何か付け加えることはありますか? ご感想は?
- あらためて、いままでのことをお聞きして、間違いなくお役に立つことができます。
- と言いますのも、私どものご提案は…

③
- 商品説明は、お客様の課題の解決策の提案に向かって行う。
- お客様、どのように感じられますか?
- なるほど、よさそうですね。
- なぜ、そのように感じてもらえましたか? どのようなところがそのように感じてもらえましたか?
- ひとつのことを話したら、感想を聞き、自分の現状と合致させてもらう。

ようと思われましたか？」という質問をプレゼンテーション前に
することです。

　理由は、2つあります。
　①プレゼンテーションはお客様のためにするものであり、求め
ているものを叶えるためにするのです。営業マンが商品を売るた
めではありません。「なぜ聞いてみようと思われたのですか？」
という質問は、「それをなぜ求めているのですか？」という、一
段深い理由を聞ける質問になるのです。
　②アプローチから改めて別の日に設定した場合は、何のための
プレゼンなのかという印象が弱くなっています。私たちには、忘
却曲線というものがあり、場合によってはアプローチでの内容の
半分以上を忘れている可能性があるのです。ですから、この質問
で話した内容を思い出してもらう必要があります。
　以上のために、最高の質問といえるでしょう。

2 お客様に自分のために聞いてもらう姿勢をつくる

「なぜ、今回、商品の話を聞いてみようと思われましたか？」と
いう質問についてもう少しお話をします。この質問は、プレゼン
テーションにおいては非常に重要なポイントだからです。
　「この質問をお客様にするのは失礼だ」と思う営業マンがいます。
「お客様にわざわざ時間を取ってもらったのに、こんなことを質
問すると怒られる」と思うようです。

144

もしそう思うのだとしたら、営業マンがプレゼンテーションの時間を営業マン自身のために取ってもらったと思っているのです。

プレゼンテーションは、お客様の役に立つために行うものなのです。そういう意味で、この質問は当然必要なのです。

お客様が「営業マンがお願いするので、時間を取ってあげた」というスタンスで聞く場合もあります。

この場合にも、お客様自身に「自分のこれからの生活や仕事に役立てるためにこの時間を取った」という考えに切りかえてもらうために必要なのです。

それ以降の会話は、次のような流れが予想されます。

営業マン「お客様、なぜ、今回、商品の話を聞いてみようと思われましたか？」

お客様「君が『話を聞いてくれ』と言ったからだよ」

営業マン「ありがとうございます。私もそのようなことを言いました。ただ、本当に必要なければ、このような時間は取っていただけなかったと思います」

お客様「それはそうだけどね」

営業マン「それに、せっかくのお時間ですから、お客様のよりお役に立つ話をしたいと思いますので、どんなことでも結構ですから、お時間をいただけた理由をよろしければ聞かせてもらえませんか？」

お客様「そうだね、実は……」

このように会話が弾めば、ほとんどのお客様が時間を割いた理由を言ってくれるでしょう。

　その理由を聞くと、目の前のお客様の役に立たなければいけないという気持ちが湧きあがってくるのです。

3 再度、欲しい気持ちを高めろ

　この質問でお客様に、自分自身がプレゼンテーションを聞く動機をしっかりと自覚してもらいます。

　アプローチでは、お客様に提供する分野の**現状・欲求・課題・解決策・欲求の再確認**を順に話してもらいました。

　アプローチからすぐさまプレゼンテーションに入る場合は、これらについて、営業マンが簡単にまとめるといいでしょう。

　そして、「**以上の内容だったと思うのですが、何か感じられることはありますか？**」と質問して、なるべくお客様に感想を言ってもらうことです。お客様が自分のこととしてとらえてくれるからです。

　アプローチから日数が経っている場合には、「**前回のお話は覚えておられますか？**」と言いながら、「**まず、現状ですが、○○だとお聞きしましたが、これに何か付け加えることはありますか？**」「**ご感想は？**」などと言って、ひとつずつ立ち止まり、思い出してもらうのです。

　お客様の役に立つために、プレゼンテーションの時間があるの

です。商品のことをのんべんだらりと話す時間ではありません。お客様の欲求・ニーズの解決に役立つために話をするのだということを念頭においていれば、これらは当然のことです。

「時間がないから」とお客様が、説明をせかすようなことがあっても、決してその言葉にのらないでください。

あなたは、説明に行っているのではないのです。役立つために行っているのです。

このような場合は「断り文句の対処法」を使って、乗りきってください。それでもダメな場合は、あらためて時間を設定してもらい、再度訪問をすることです。

4 営業は解決策の提案。商品を売ることではない

提案に入るときの言葉は、**「あらためて、いままでのことをお聞きして、間違いなくお役に立つことができます」** です。そして、**「と言いますのも、私どものご提案は……」** と続けて、口頭でなぜ役立つかを簡単にまとめて言うのです。映画の予告編のようなものです。

これはアプローチの最終段階でも言った言葉かもしれません。しかし、何度でも言うのです。再度確認して、話せば話すほどピントがあってくるからです。

そのピントとは、お客様の求めているものの解決策としての提案です。それを実現するための商品なのです。

このように話を展開すると、「早く商品を見せてくれ」とか「ど

147

れぐらいするの？」などの話にはならないのです。

　プレゼンテーションは解決策の提示だからです。

　このことがわかると、私たちは「物売り」から脱却して、真の「アドバイザー」「コンサルタント」へと完全に変身をすることができるのです。営業マンが行っているのは「解決策の提案」であり、「物を売ること」ではないのです。

5 感動のプレゼンテーション。 それはお客様の課題解決に向かって一刺し

　プレゼンテーション前に、お客様のことを聞けば聞くほど、営業マンは自分が提供する商品の特長や活用法、効果をどのように説明すればよいかがわかってくるのです。むしろ、聞くことで商品の説明を事前に行っているようなものです。

「感動」とはどのようなものでしょうか？
「ある物事に深い感銘を受けて強く心を動かされること」です。お客様が求めているものがあり、実現するための課題、解決策を一緒に考え、導き出せればどうでしょうか。深い感銘を受けるのではないでしょうか。
「感動のプレゼンテーション」とは、お客様のことを深く聞き、状況から課題まですべてがわかり、的確な解決法が提案できたときに起こるものなのです。だらだらとした商品説明などというものではありません。お客様の課題解決に向かって蜂の一刺しのよ

うに鋭い言葉でまとめあげます。それは事前にお客様のことを聞いているからこそできることです。

6 商品説明はお客様の解決策の提案

　商品説明は、お客様の求めているものの解決策として行います。なるべく、短く、的確に行うことです。これはプレゼンテーション前にお客様への聞き取りをしっかりしていればしているほど、うまくできるのです。

　的確に提案ができると、お客様に真剣に聞いてもらえます。営業マンはお客様のその真剣な姿勢を見て、調子が出てしまい、商品説明に酔ってしまうようなことがあります。これは要注意です。あまり熱心に話しだすと、お客様はシラけだします。

　ここでの主役は、営業マンではありません。あくまでも、お客様なのです。なるべく適切に話を進め、すぐさま、**「お客様、どのように感じられますか？」** と質問をすることです。感想を聞かせてもらうことが重要です。

　「なるほど」とか「よさそうですね」という言葉が返ってきたとしても、**「なぜ、そのように感じてもらえましたか？」「どのようなところがそのように感じてもらえましたか？」** と質問し、話をしてもらうのです。

　お客様は話すことによって、自分の現状に合わせて考え、納得するのです。あなたの話がすばらしいから納得するのではないの

149

です。

「ひとつのことを話したら、感想を聞く。自分の現状と合致させてもらう」

このことをくり返してください。そうすれば、ますますお客様は自分に役立つことを自覚するでしょう。

商品説明というプレゼンテーションにおいてさえ、このように質問し、お客様最優先で話を進めることを肝に銘じてください。

そうすれば、次の段階のクロージングも難なく進めていくことができるでしょう。

第7章

クロージングでの決め質問
「話をお聞きになって
どんな印象ですか？」

クロージングの3段階（チャート19）

クロージングはお客様が購入したいという気持ちになるまで待つ

①感じる　思う　→　②考える　→　③判断（行動）

□質問でお客様が商品の価値をどのように実感したのかを探っているか？

□具体的な質問をして価値の実感を探っているか？

□質問でさらに価値の実感を高めているか？

□いい印象でないときには理由をよく聞いて、解決をしてあげようとしているか？

□やわらかく、あたたかく質問し、YESを取っているか？

□最終的には考えを聞いてクロージングに向かっているか？

□考える、相談するという返事をもらった場合の対処法はパターン化しているか？

□最終的に判断がつかない場合は「絶対にクロージングしない」でいるか？

この購入・採用が間違いないと判断してもらう

購入・採用から得られる価値を大きく感じてもらう

1 クロージングはお客様が購入したいという気持ちになるまで待つ

　プレゼンテーションが終われば、いよいよクロージングです。この営業の場面のクロージングとは、「申し込みへと進んでもらうこと」です。

第7章
クロージングでの決め質問
「話をお聞きになってどんな印象ですか？」

効果抜群！　クロージング・トークスクリプト（チャート20）

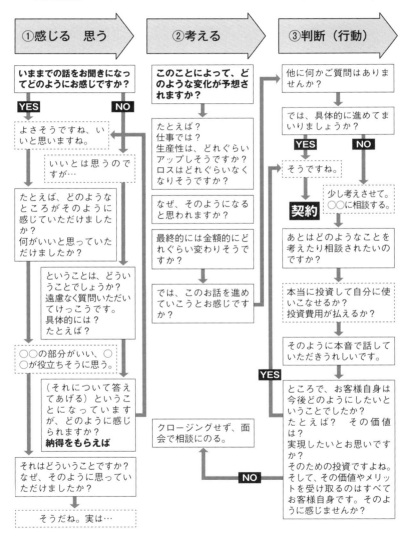

ここで多くの営業マンは、どのように進めていいかがわからなくて、「いかがですか？」などという安易で不用意な言葉を使います。

　このような質問をされると、お客様は自分自身でまだはっきりとした判断ができていないので「話はわかりました。少し考えさせてほしいですね」と言い、話が停滞の方向に向かってしまいます。

　このような流れを、クロージングの段階でどのように処理していいかがわからない営業マンに多く見受けられます。

　クロージングの最終場面では、お客様に本当に自分に役立つことを見極め、確信をもって購入・採用へと進んでもらわなければならないのです。

　そのための重要な2つの原則をお話ししましょう。

①お客様が本当にこの購入・採用が間違いないと判断できたときにクロージングに入ることができる。
②お客様が購入・採用から得られる価値を感じたときにこそ、申し込みにおける投資が小さく感じられて、すぐさま採用しようとする。

　クロージングで重要なのは、クロージングに入るかどうかの見極めです。そのために「購入・採用に確信をもてたかどうか」「その価値を感じたかどうか」を見極める質問が重要になります。

2 「いままでの話をお聞きになってどのようにお感じですか?」で、商品の価値をどのように感じたかを探ろう

　プレゼンテーションでは、お客様の現状から求めているものや課題、解決策の商品提示を、意見を聞きながら話を進めてきました。

　ここでは、総まとめに入るのです。総括してお客様がどのように感じたかです。パーツごとに意見を聞きながら行ってきたことを、最終段階ではまとめて聞きます。

　「いままでの話をお聞きになって、どのようにお感じですか?」と質問しましょう。

　人は、「感じる・思う→考える→判断する（行動する）」と進んでいきます。

　まず判断をする入り口である「感じる・思う」の感想を聞くのです。そこから「考え」を聞き、「判断」を仰ぐのです。

　ただし、くれぐれも「いままでの話をお聞きになって、いかがですか?」という質問をしないようにしてください。

　お客様にとっては、営業マンからのプレゼンテーション後の「いかがですか?」という質問は、「購入・採用をしようと思うか、思わないか」の判断を仰ぐ質問に聞こえるのです。

　特に最終段階では、お客様は買うと決めるとお金を支払うというリスクが出てきますので、精神的にも非常にナイーブになっています。

この「いままでの話をお聞きになって、どのようにお感じですか？」の質問では、「よさそうですね」「いいと思いますね」など漠然とした答えが予想されます。

　反対に、「いいとは思うのですが……」などという微妙なニュアンスの場合もあるでしょう。

　この質問を、お客様の気持ちを探るスタートにするのです。

3 さらに「たとえば？」「何がいいと思っていただけましたか？」と価値の実感を探ろう

　先ほどの質問で「よさそうですね」「いいと思いますね」と答えてくれたお客様には、**「どのようなところが、そのように感じていただけましたか？」「何がいいと思っていただけましたか？」**と質問をします。

　そうすると、「○○の部分がいい」「○○が役立ちそうに思う」とよさそうに感じたことの理由や根拠を話してもらえます。

　さらに**「それはどういうことですか？」「なぜ、そのように思っていただけましたか？」**と掘り下げると、ますます自分と関連づけて話してもらえるのです。このように話すことで、その価値をしっかりと自覚してもらえるのです。

　これはお客様が、商品が役立つことをお客様自身にプレゼンテーションしているのと同じです。お客様へのプレゼンテーションというのは、どうしても営業マン側からの提案になりがちです。

　そこで、プレゼンテーションを終えたときに、逆にお客様から

営業マンにプレゼンテーションをしてもらい、どれくらいその価値を感じてもらったかを推し量るのです。

4 「このことによって、どのような変化が予想されますか？」とさらに価値の実感を高めよう

価値を感じてもらったら、さらに価値の実感を高めましょう。**「このことによって、どのような変化が予想されますか？」** などの質問をするといいでしょう。

原則でお話ししたように、「お客様が採用から得られる価値を感じたときにこそ、申し込みにおける投資が小さく感じられて、すぐに購入・採用しようとする」のです。

それを感じてもらうために、予測をしてもらうのです。この「予測をする」ことで「考える」段階に入ります。

ここでは単に感情だけに流されず、冷静に、客観的に考えてもらうのです。

返答がむずかしければ、「たとえば？」から「仕事では？」と続け、「生産性は、どれぐらいアップしそうですか？」「ロスはどれぐらいなくなりそうですか？」と聞けばいいでしょう。**「なぜ、そのようになると思われますか？」** などと聞いてもいいでしょう。「最終的には金額面でどれぐらい変わりそうですか？」などとさらに具体的にしていけばいいのです。

私たちは金額や具体的パーセンテージで表されると、実感をより強くします。

そうなれば、価値を大きく感じるでしょうし、これからの投資

が小さなものに感じられます。投資することへの抵抗がなくなってくるのです。

5 いい印象でないときには、その理由をよく聞いて 解決をしてあげよう

「いいとは思うのですが……」などというあいまいな返答が来た場合も、恐れることはありません。

返答はプレゼンテーションを終えての感想です。もともと、何も考えていなければ、プレゼンテーションを聞くことさえもなかったのです。

聞くということ自体が、関心をもっている証拠なのです。

このような返事は、疑問点があるということです。お客様は、質問したいのです。それを聞いて、解決してあげればいいのです。

自信をもって**「ということは、どういうことでしょうか？」「なんでも遠慮なくご質問いただいてけっこうです」**と言って、お客様の心のなかにあることを引きだします。

具体的にわかるまで質問しましょう。「たとえば？」と聞けばいいのです。

内容がわかれば、それについて答えてあげます。最終的には**「ということになっていますが、どのように感じられますか？」**と再度質問をしましょう。

納得が得られれば、あらためて、**「それが解決したなかで、あらためてどのように感じられましたか？」**と **2** に戻ってスタート

158

すればいいのです。

6 やわらかく、あたたかく「では、この話を進めていこうとお感じですか？」と聞き、YESを取ろう

　価値を実感してもらったら、このときにこそ、クロージングに入ればいいのです。こういう状態を**「クロージングの潮時」**といいます。クロージングのタイミングです。

　ただ、このような状態になったときでさえ、お客様にとってみずから採用するというのは勇気がいるのです。

　そこで、道筋をつくってあげます。

　それが、「では、この話を進めていこうとお感じですか？」という質問です。

　あくまでもナビゲートするという感覚です。お客様の気持ちを営業マンが代弁してあげるのです。

　お客様の気持ちを察して言ってあげます。やわらかく、あたたかく、気持ちを察して言ってあげるのです。囁くように言ってあげるといいでしょう。

　このときに、営業マンが興奮しないよう注意してください。いよいよ契約となると、無意識に気持ちが高ぶり、声がつい大きくなったり、うわずったりするのです。いままでの営業にかけた過程と時間を考えるからです。

　そのようになることを理解して、自分自身の気持ちを抑え、声も意識的に小さくするのがポイントです。

159

一度体験すれば感覚的に身につき、それ以降は自然とうまくいきますので、まずは1回目をしっかりと行うことです。

7 「他に何かご質問はありませんか？」「では、具体的に進めてまいりましょうか？」でクロージングへ

「そうですね」とか「はい」という返事をもらったら、**「他に何かご質問はありませんか？」**と質問をします。

「いまのところありません」と言われれば、「採用は決めました」ということになります。この返事をもらえれば、**「では、具体的に進めてまいりましょうか？」**と言って、話を進めていけばいいのです。

　このような言葉で、なるべく採用や投資への垣根がないようにしてあげます。

　もちろん、お客様から「では、採用しましょう」とか「具体的にどのように進めたらいいですか？」という言葉をもらえた場合は、すぐさま先へ進めればいいでしょう。

「では、採用ということでいいですか？」とか「契約についてですが」という言葉を営業マンから言うと、最終的に何か営業されたと思われることになりかねません。

　ですから、とにかく慎重に言葉を選んで、先程の言葉のように「では、具体的に進めてまいりましょうか？」と言って、お客様の気持ちを察して進めてあげるのです。

「何かご質問はありませんか？」と言ったとき、質問がきた場合

160

は、さらに親身になって答えてあげればいいのです。これは**5**で話した対処法を使うといいでしょう。

8 「少し考えさせて」「○○に相談する」という返事の対処法

最終的な場面での反論があるとすれば、「少し考えさせて」「○○に相談する」という返事です。この対処法をお話ししましょう。

まず考えるべきは、お客様の心理です。

これらの本音は、「判断するのに、もう少し考える時間をください」「いいものだけど、本当に大丈夫か判断したいのでもう少し時間をください」ということです。

相談する場合は、「自分の判断が間違っていないかを○○に相談したい」「いいものだけど、本当に自分にできるのか○○に相談したい」ということです。

この「○○に」というのは個人的なものであれば、家族、夫や妻。仕事であれば、上司や部下、顧問税理士、弁護士などになるでしょう。

ここで、「考えよう」「相談しよう」と思っていることに、素直に**「ありがとうございます。そのように言っていただけてとてもうれしいです」**と言いましょう。

お客様の言葉を前向きなものとしてとらえるのです。お客様にどこまでも好意的に接します。

そして、**「あとはどのようなことをお考えになりますか?」**「ど

のようなことを相談されたいのですか?」と質問するのです。

　そうするとお客様は、自分のことを好意的にとらえてもらったうえで、質問されますから、つい本音が出ます。
「本当に投資して自分に使いこなせるか?」とか「投資費用が払えるか?」などが出てきます。

　そこで、**「そのように本音で話していただきうれしいです」**としっかり共感をするのです。

　そのうえで、**「ところで、お客様自身は今後をどのようにしたいということでしたか?」**と質問します。

　投資という現実的なことにとらわれだした考えを、未来の価値へと切りかえてもらうのです。答えてもらえれば、さらに「たとえば?」「その価値は?」と具体的にしていきましょう。そうすることで、投資が小さく見えるのです。

　最後にそれを本当に**「実現したいとお思いですか?」**と確かめればいいでしょう。

　そのうえで、**「そのための投資ですよね。その価値やメリットを受けとるのはすべてお客様自身です。そのように感じませんか?」**と言って進めていけばいいのです。

　それでも「考えたい」という場合は、**9**に進んでください。

　また「相談したい」という場合は、**「ところで○○様に相談するということですが、お客様は○○様は賛成されるとお思いですか?」「どのようにお話しされますか?」**などとやわらかく質問し、具体的にアドバイスしてあげればいいのです。

　そして、**9**に進んでください。

162

第7章
クロージングでの決め質問
「話をお聞きになってどんな印象ですか？」

9 お客様に最終的な判断がつかない場合

最終的な判断がつかない場合はどうしたらいいでしょうか。

実は、**「絶対にクロージングしない」**ということです。

つまり、採用するか、採用しないかの判断を仰がないということです。

「判断がつかないようでしたら、来週にどちらにするか返事を聞かせてください」と営業マンが言うのが最悪のケースです。

もちろん、これでうまくいく場合もあるでしょう。それはほとんど採用を決めている人です。

ほとんどの人は判断がつかないので、引き延ばしをするのです。その人に時間を与えて判断がつくでしょうか？

多分、消極的な方向、つまり今回の投資はやめる方向にいくか、話をしっかりと聞いていない周りの人に反対されてやめるかがオチでしょう。

結局、判断を聞くための電話をしても出てもらえなかったり、訪問をしても居留守をつかわれたりして、なし崩しに終わっていくことになるのです。

この場合の問題点は、「判断がつかない人に判断を求めること」にあるのです。 ましてや、お客様はいくら時間を与えられても、その判断を考えることだけで一日を過ごしてはいないのです。情報もそんなに仕入れられないでしょうし、専門家でもありません。たいがいが邪魔くさくなって、断るか、保留となるのです。

では、どうすればいいのでしょうか？

　絶対にクロージングしないということです。次のように言いましょう。

「ご判断がつかないようでしたら、ご自身でもいろいろお考えください。大事なことは、お客様が納得して始めることだと思っています。私がお客様の相談にのらせていただきます。その相談の時間をお取りいたします」と言って、何度でも相談にのるようにすればいいのです。

　その過程で考えがはっきりしてきて、購入・採用ということになるタイミングが来ます。

第8章

フォローアップでの決め質問
「以前とどのように
違いますか?」

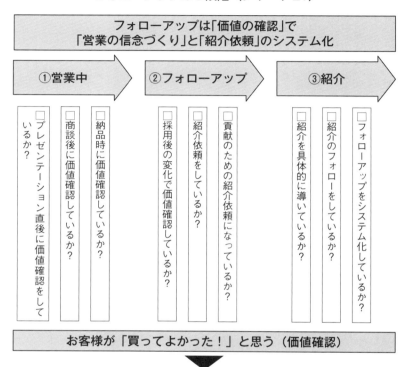

フォローアップの3段階（チャート21）

1 価値の確認は商品に対する営業の信念づくりと紹介依頼

　営業マンが提供しているのは商品そのものではなく、「商品がつくりだす価値」です。価値というと、少しわかりにくいかもし

第8章 フォローアップでの決め質問「以前とどのように違いますか？」

効果抜群！　フォローアップ・トークスクリプト（チャート22）

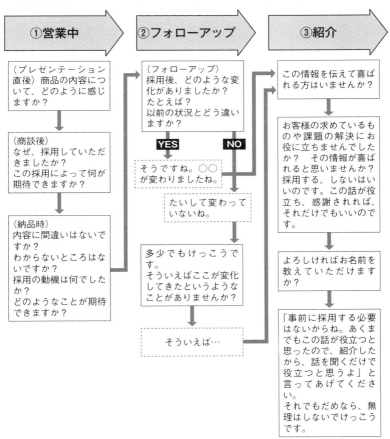

れませんね。

　たとえば、車を買えば好きな車でドライブできるといった価値や車に乗る快適さや便利さでも価値を感じます。お客様はその価

値を購入した、採用したということになります。

　したがって、価値を受けとってもらえたかが重要なポイントになります。

　お客様が価値を間違いなく受けとって、得たいメリットを得ている場合は、営業マンは自分の提供しているものに間違いなく自信をもてるようになります。営業マンにとって、その自信が「この営業は喜ばれるものだ！」という信念となり、強力な販売力となります。

　反対に、自分の提供しているものが価値を与えていないとすると不信が芽生えだし、営業に行くこと自体に罪悪感を抱くようになるのです。

　価値を受けとってもらえたかの確認が非常に重要です。その機会は、3回あります。

　プレゼンテーション直後にまずあります。**「商品の内容について、どのように感じますか？」**と質問し、価値を確認して、購入・採用になるわけです。

　次は商談後にあります。**「なぜ、採用していただきましたか？」「どのようなことを期待されていますか？」**と聞くことで、価値の確認をしたことになります。

　3回目は納品時になります。納品が郵送の場合などは、電話などによっても行えます。**「内容に間違いはないですか？」「わからないところはないですか？」**などとともに**「採用の動機は何でしたか？」「どのようなことが期待できますか？」**と再度聞くのです。

このようにその都度質問をとおして、お客様に買った動機を思い出してもらい、採用後、価値を実感してもらうのです。

　お客様はそれによって、あらためて自分の購入に「間違いなかったのだ！」という確信をもつのです。このときに、お客様は自分の家族や仲間のなかで、同じような欲求、ニーズ、課題をもっている人の顔を思い出します。その人たちにも「これを紹介してあげたい！」と自然に思います。

　その紹介してあげたいという気持ちによっても、お客様は自分の購入したものに自信をもつことになるのです。お客様はこの気持ちがもてたことを改めてよかったと思います。

　だからこそ、同時に**「周りの人にもご紹介をしてあげませんか？」**という営業マンからの紹介依頼にスムーズに応えるようになるのです。

2 フォローアップが始まれば紹介はエンドレスになる

　お客様との関係は、納品以降はフォローアップになります。フォローアップは、成果の確認です。

　フォローアップで成果の確認ができれば、お客様は間違いなく、真に喜びを感じるでしょう。自分が購入・採用したものは間違いなかったという気持ちとともに、周りの人にも紹介をしたいと思います。

　紹介してくれた営業マンにも感謝の気持ちが湧き、何かの役に立ちたい、貢献したいと思ってくれるでしょう。これが紹介につ

ながるのです。

　もちろん、購入早々だれかを紹介してくれるのであれば、非常に効率的でしょう。

　ただ、日本人は慎重で人間関係を重視します。自分がプレゼンテーションで話を聞いてよかったとしても、実際に成果を確認してからはじめて紹介するというケースが多いのも事実です。

　ですから、**フォローアップで信頼を得ると、全面的に応援をしてもらえるようになり、実は継続的な紹介につながるのです。**

　営業マンも購入時に感じてもらった価値をフォローアップのなかで確認ができれば、商品に対する信念はさらに強力になるでしょう。フォローアップは、営業マンにとって重要なポイントになるのです。

　また、新人の頃には、新規営業の時間は十分にかけられますが、だんだんお客様が増えてくることによって、そんな新規営業にかけられる時間も制約を受けてきます。お客様のフォローアップから紹介をもらえれば、時間も効果的に使えるのです。

　そういう意味で、フォローアップでの内容とそのシステム化が重要です。まずは、内容から見てみましょう。

３ フォローアップでは、ビフォーアフターの変化を実感してもらおう

　お客様は商品が与えてくれる価値に納得し、採用します。したがって、お客様にその価値を得てもらうこと、成果を実感しても

第8章
フォローアップでの決め質問
「以前とどのように違いますか？」

らうことです。

　もちろん商品によって、違いがあるはずです。時間をかけなくても価値、成果をすぐに得られるものと、時間をかけ、多少の努力をしないと得られないものがあります。

　私の場合は教育システムを提供していましたので、「教育によって社員が成長し生産性が上がり、結果として業績が上がる」というように価値は大きなものになりました。

　しかし、お客様自身に取り組んでもらわないといけないことがありましたので、多少の時間と努力が必要でした。

　このように商品によって成果が出るまでの時間は異なります。ただし、その商品を購入・採用した前後で変化は必ず起こります。

　ビフォーアフターの変化となれば、誰もが確認ができます。変化を実感して、価値や成果の確認ができるのです。継続していけば、自分のめざす到達点にたどりつけるという実感ももつことができるのです。

　このような観点からフォローアップでは、**「購入の前後でどのような変化がありましたか？」「それは以前の状況とどのように違いますか？」**という質問が効果があります。

　質問しても「たいして変わっていない」という返答をする人もいるでしょう。そのようなときにも、「たいして」というレベルで多少の変化は必ずあったのです。

「多少でもけっこうです。そういえば、ここが変化してきたというようなことがありませんか？」と質問をすればいいでしょう。変化こそが、お客様にとっての価値の確認なのです。

171

4 紹介は貢献の気持ちをかきたて、この変化を誰かに話したいと思ったかを聞くこと

　自分が変化を感じられたら、当然、誰かに伝えたくなるはずです。それを紹介や推薦につながるように、お客様に依頼すればいいのです。

　素直に**「この情報を伝えて喜ばれる方はいませんか？」**と言えばいいのです。

　ただし、あくまでも採用するしないは紹介いただいた方の判断であり、紹介していただいたお客様には何の責任もないことをあらかじめ言っておくことが必要でしょう。

　ですから、**「お客様の求めているものや課題の解決にお役に立ちませんでしたか？　その情報がまわりの方に喜ばれると思いませんか？」**と言い、**「採用する、しないはいいのです。この話が役立ち、感謝されれば、それだけでもいいのです」**と続けます。

　商品を納品してから、すぐに周りの人に話している場合もあります。

　そのときは**「周りでこの話に興味をもった方はいらっしゃいませんか？」**と質問してみましょう。

　どちらにしろ、紹介は「貢献」というスタンスで行う必要があります。営業の売上に貢献してもらうのではなく、お客様が実感している価値や成果を周りの友達にも知らせてあげるというかたちで貢献する、というスタンスで行ってもらうのです。

「紹介してくれた方には図書カードをプレゼント」のように特典

172

第8章
フォローアップでの決め質問
「以前とどのように違いますか？」

などを設けている会社もあるでしょうが、これはあくまでも感謝
の気持ちです。

5 紹介について具体的に進める

　紹介してもらうには、口頭だけでなく具体的に進めることが重
要です。
　アンケートを用意し、そこに具体的な紹介先を書いてもらえる
ようにしておきます。**「よろしければお名前を教えていただけま
すか？」**と言えば、具体的にことが進みます。
　また、実際に紹介してもらう際には、まずお客様から声をかけ
てもらうほうがいいでしょう。先にも述べましたが、日本には人
間関係を大事にする人が多いので、お客様に任せるほうがスムー
ズにいきます。紹介されたほうにとっても知らない人から電話を
かけられるよりも、話を聞きやすいのです。

　ただ、このときに気をつけてもらいたいことがあります。お客
様が紹介してあげようと思っても、紹介先の人が躊躇をしたり、
断る場合があります。
　このときのために、事前に「購入したり採用したりする必要は
ないからね。あくまでもこの話が役立つと思ったので、紹介した
いだけだから。話を聞くだけでも役立つと思うよ」と言ってもら
うことです。
　また、それでも断られる場合には、**「無理はしないでけっこう**

173

です」と紹介してくれるお客様に言っておくと気が楽になるでしょう。実際に断られた場合には、他を探してくれたりします。

6 フォローアップにおいてもシステム化をする

フォローアップをシステム化することは重要です。お客様のためにも重要だとわかっていても、フォローをシステム化して、あらかじめ日時を決めておかなければ、つい後回しになり、いつの間にかその時間を取ることさえ忘れてしまうということになります。

フォローアップで具体的にどのようなことをするのか、どれくらいの周期で電話や訪問をするのかをシステム化しておくといいでしょう。

営業マンにも、お客様にとっても余った時間などないのです。何のために、どれくらいの周期で行うのかということを自分なりに決めておきます。フォローアップしながら改善して、完成をめざすといいでしょう。

このようにすると、フォローアップはあなたの仕事の一部となり、いつの間にか、それを回しているだけで、知らず知らずにお客様が紹介によって増えるのです。

そして、あなたはまったく新規の営業をしなくてよくなるのです。

174

第9章

質問型営業で奇跡が起こる！

質問型営業での奇跡の起こし方（チャート23）

- □自分の改善点を見つけているか？
- □改善点を知り克服するためには「振り返り」を使っているか？
- □精度をあげるために「シミュレーションシート」を使っているか？

誰もが必ず業界のトップセールスになれる！

営業の各段階での具体的トークスクリプトを①作成し、②訓練し、③実践する

1 営業を細かな段階に分けることで、自分の改善点がわかる

いままで、アポイント・アプローチ・断り文句の対処法・プレゼンテーション・クロージング・フォローアップという段階で営業について話をしてきました。

この本を読んでいるあなたも、この営業の段階の分け方はいままでにも聞いたことがあるでしょう。事実、私もこの営業の段階で質問型営業の本を9冊書いてきました。

その段階をさらに細分化し、チャート図も作成したのが本書です。これまで以上に具体的にできたと思います。

特に営業のポイントであるアプローチにおいては、アプローチをスタート段階・人間関係づくりの段階・最終段階という3つに

分け、そのなかをさらに何段階にも分けるという念を入れたやり方をしました。

多くのトップ営業マンを見て、実践もしてきた私にとって、トップ営業のほとんどは質問をベースに営業していると確信しています。**営業で重要なのはお客様の求めているものであり、それを引きだすのは営業マンの質問なのです。**

これを質問型営業として、システム化しました。お客様と営業マンの言葉のやり取りを、質問をベースに具体的にしたのです。

では、これによって何がわかるのでしょうか？

あなたの営業の見直しです。この本によって、あなたの営業でどこの質問ができていて、どこが抜けているのか、あるいはどこを改善すればあなたの営業はよりよくなるのかを探すことができるのです。

この本は、その改革に乗り出すためにあるのです。

2 改善点を克服すれば、1か月で見違えるように営業は変わる

私は現在も、企業や個人の営業の指導をしています。必要であれば、同行しての指導もしています。

指導するなかで、効果的に営業を改善し、伸ばしていく方法が近年ますますわかるようになりました。

それは改善点を教え、指導してあげることです。もちろん、できているところ、うまくやっているところは認め、ほめる必要は

あるでしょう。

　問題は、改善の必要なところです。

　営業の場合、相手はお客様です。お客様との間で、「コミュニケーションを円滑に行い、お客様の欲求・ニーズを引きだし、そこに向かって提案する」ためには、営業における会話がうまくいく必要があるのです。

　この会話を改善しなければ、お客様に伝わらず、わかってもらえないのです。

「改善点」という言葉で注意したいことは、営業マンの「弱点」「欠点」ではないということです。

「知らないでやっている」「わからないでなんとなくやっている」ところです。

　特に営業の場合は、見様見真似で先輩のやり方を盗んできたものや、自分なりの解釈でやってきたものが多いのです。しっかりとした理論と方法を習っていません。「勘違い」「思い違い」もあるのです。

　それを教えてあげると、見違えるようになります。

　私のワンポイントの指導で改善し、飛躍的に営業成績が伸びる人を何人も見てきました。改善のアドバイスで営業が見事に変わるのです。

　なぜなら、お客様の対応が変化するからです。そのお客様の変化を見て、営業マンはますます確信をもつのです。ですから１か月もあれば、見事に変わるのです。

3 自分の改善点を知り、克服するためには 「振り返り法」を使おう

　改善点の改革によって変化するのは、実は営業マンではないのです。それはお客様です。お客様の対応がいままでと変わるのです。

　たとえば、お客様がアポイントで話をしてくれる率が高まるとか、アプローチでお客様がしっかり対応してくれるようになるとかです。他にも様々な変化が出てきます。

　営業は相手がいます。相手であるお客様の変化は、非常にわかりやすいのです。

　そこで、毎回の営業の内容を振り返るのがベストです。契約時だけでなく、面会内容に改善部分がいろいろあるからです。そのために使ってもらいたいのが「振り返り法」です。

　本来は毎回の面会の内容を振り返ればいいのですが、そうすると毎日が非常にあわただしくなります。

　そこで、1日の終わりに今日の面会の中で、印象的だったものを振り返るのです。

　振り返りのなかで、「よかった面会はどこがよかったか？」「うまくいかなかった面会はどこが改善点か、どのように直すか？」を書きだすのです。

　特に改善点についての発見と、その改革に力を入れるといいでしょう。

4 さらに精度をあげるためにシミュレーション法を使おう

　改善点が見つかった場合はシミュレーション法を使い、具体的な改革に乗り出しましょう。これは具体的にどのように改善するのかを明確にする方法です。

　頭のなかだけで考えていると、漠然として具体的にわかりませんし、何よりも感情的になり、冷静に見られません。

　書きだすと自分自身を冷静に、客観的に、そして具体的に見ることができるのです。

　そのシミュレーション法は、次のように書きだします。

①まず、どのように改善するかのテーマ

②現状はどのようになっているか

③それを改善すると、お客様（相手）、自分はどのようになるか、　　メリットは何か

④一番の問題は何か

⑤どのように解決するか

⑥具体的にどのような行動にするか

⑦それを変えたいか（欲望）、それによって変えられるか（自信）、　　変える気持ちはあるか（決意）

⑧書いてみての感想

⑨それを行動に移してみての振り返り

　単に改善点を変えるというのではなく、何をどのように変える

のかを明確にするのです。いままでの営業の段階を細かく分析して改善してきたように、自分自身の現在の営業も改善点を見つけられるように細かく分析するのです。

3の「振り返り法」で出てきた「うまくいかなかった面会はどこが改善点か、どのように直すか？」の部分の「どのように直すか？」でシミュレーションシートを使うといいでしょう。

1回で解決しない場合は、何回かこのシミュレーションシートを書くのです。粘り強く行えば行うほど、その改革部分が具体的に見えてきます。

5 面会において具体的にシミュレーション法で描く

お客様の面会においても、具体的に描くのにはシミュレーションシートを使うといいでしょう。

お客様の状況をしっかりと理解したうえで、どのように面会を進めていくかのシミュレーションを行うのです。実際書きだすとお客様との面会がイメージでき、流れがつかめます。

面会のストーリーをつくりあげるのです。

大事な点は、ストーリーです。ストーリーができあがると、うまくシミュレーションできるようになります。

たとえば、自分自身がどうしても「辛抱できずに提案してしまう」場合には、以下のようなシミュレーションシートの記入が考えられます。

①テーマ「辛抱し、最後に提案をもっていき、面会を成功させること」

②現状「相手のことを聞かず、すぐ提案に入ってしまう」

③メリット「お客様によい提案ができ、採用してもらう」

④一番の問題「辛抱できずに提案すること」

⑤１）解決策はお客様の「現状」から「求めているもの」を聞いていき、「欲求の再確認」をして「提案」の流れをつくること

２）それを守ること

３）しっかり共感をすること

⑥１）「現状」「欲求」「障害」「解決策」「欲求の再確認」「提案」と段階的に質問を行う。それぞれの中でも深く掘り下げた質問を行う

２）深く掘り下げた質問は「たとえば？」「なぜ？」をイメージする

３）共感をする

４）「提案」の前の「欲求の再確認」は特に辛抱する

５）提案は絞り込んで説明をする

６）最終ではお客様の感想を聞く

⑦欲望は Yes ！　自信は Yes ！　決意は Yes ！

⑧書いてみての感想「具体的になったので、これを意識して行動する」

⑨行動に移してみての振り返り「うまくいった！　やはり具体的にすると行動がスムーズで結果が変わる」

第9章
質問型営業で奇跡が起こる！

このように書いて意識していけば面会において、改善点を意識することができるようになります。**意識することによって、自信をもって行動に移せるようになるのです。**

具体的な行動に移し、変化を生みだすことによって、改善点は改革されていくのです。

振り返りとシミュレーションについて詳しく知りたい方は、『「３つの言葉」だけで売上が伸びる質問型営業』（ダイヤモンド社）を参照してください。

6 誰もが必ず業界でのトップセールスになれる

このように営業を見ていきますと、お客様と営業の面会のなかで行われる「聞く」「話す」という無形の言葉を実はシステム化できるということなのです。

いままで不可解であったものを部分に分け、システムにすることができるのです。

営業において、質問を軸に、お客様の求めているものを引きだして、解決策として、自社の商品を提案するという形がうまくいくことがわかりだして、21年が経ちます。

みずからが実践し、スタッフにも実践してもらい、うまくいくことがわかりだし、「なぜこれがうまくいくのか？」「どのようになっているのか？」の原則と方法を解明してきました。

そして、様々な業種の企業や個人から質問型営業の指導依頼を受け、10年の月日が経ちます。

183

これまでの本などのなかで示してきたのは、誰もがこのシステムを使えば各業界のトップ営業マンになれるということです。

　私はそのような人を実際に多く育ててきました。一度身につけた質問型営業は、ますます精度があがり、腕は確実にあがるのです。

　今回の本は、さらに具体的な改善点を見つけられるようにつくりました。

　あなたの営業がお客様のお役に立ち、感謝を受け、あなたが営業マンとしての喜びと楽しさに満ち溢れるために、今までの本も併用しつつ、この本が活用されることを願っています。

Memo

Memo

Memo

Memo

Memo

【プロフィール】

青木毅 （あおき　たけし）

　1955年生まれ。大阪工業大学卒業後、飲食業・サービス業・不動産業を経験し、米国人材教育会社代理店に入社。1988年、セールスマン1000名以上の中で5年間の累積業績1位の実績をあげる。1997年に質問型営業を開発。1998年には質問型営業で個人・代理店実績全国第1位となり、世界84か国の代理店2500社の中で世界大賞を獲得。株式会社リアライズを設立後、2002年に質問型セルフマネジメント、質問型コミュニケーションを開発。大阪府、東京都、法務省など、8年連続で自治体等への質問型コミュニケーションを担当指導する。2008年、「質問型営業」のコンサルティングを企業・個人に向けてスタート。

　現在、大手カーディーラー、ハウスメーカー、保険会社、メーカーなどで指導を行い、3か月で実績をあげ、高い評価を得ている。2015年、一般社団法人質問型コミュニケーション協会を設立。質問型営業、質問型コミュニケーションの認定制度をスタートさせ、普及を開始している。

　著書には、『「質問型営業」のしかけ』『営業は「質問」で決まる！』『アプローチは「質問」で突破する！』『新人の質問型営業』（以上、同文舘出版）、『「3つの言葉」だけで売上が伸びる質問型営業』『3か月でトップセールスになる　質問型営業最強フレーズ50』（以上、ダイヤモンド社）、『売れる営業の質問型トーク　売れない営業の説明型トーク』（日本実業出版）、『なぜ、相手の話を「聞く」だけで営業がうまくいくのか？』（サンマーク出版）など11冊があり、うち6冊は台湾、韓国、中国で翻訳されている。販売総部数は15万部を超えている。また、2015年より開始した Podcast番組『青木毅の質問型営業』は1万人を超えるリスナーを抱える人気番組となり、累計ダウンロード数は600万回を超えている。

「質問型営業®」「質問型マネジメント®」「質問型セルフマネジメント®」「質問型コミュニケーション®」は株式会社リアライズの登録商標です。

　連絡先　株式会社リアライズ　TEL 0120-415-639
　〒101-0047　東京都千代田区内神田3-2-1 喜助内神田3丁目ビル4F
　質問型営業HP　企業向け　https://e-realize.jp/
　　　　　　　　個人向け　https://s-mbc.jp/
　質問型コミュニケーションHP　http://www.shitsumongata.com/

LINE＠お友達登録で
青木毅の営業に対する日々のきづきや発見を共有できます。

◆装丁／小口翔平＋喜來詩織 (tobufune)

◆DTP／今村みさ子

◆プロデュース／阿部岳彦

チャートでよくわかる
質問型営業

2018年9月10日　初版第1刷発行
2021年3月10日　初版第2刷発行

著　者　青木毅

発行者　小山隆之

発行所　株式会社 実務教育出版

　　　　163-8671　東京都新宿区新宿1-1-12
　　　　電話　03-3355-1812（編集）　03-3355-1951（販売）
　　　　振替　00160-0-78270

印刷／壮光舎印刷　　製本／東京美術紙工

© Takeshi Aoki 2018　　Printed in Japan
ISBN978-4-7889-1290-8　C0034
本書の無断転載・無断複製（コピー）を禁じます。
乱丁・落丁本は本社にておとりかえいたします。